Todos los libros de Linkgua Ediciones cuentan con modelos de Inteligencia Artificial entrenados por hispanistas. Pregúntale al chat de tu libro lo que desees acerca de la obra o su autor/a.

Para **ebooks**: Accede a nuestro modelo de IA a través de este enlace.

Para **libros impresos**: Escanea el código QR de la portada con tu dispositivo móvil.

Obtén análisis detallados de nuestros libros, resúmenes, respuestas a tus preguntas y accede a nuestras ediciones críticas generativas para una experiencia de lectura más enriquecedora.

La transparencia y el respeto hacia la autoría de las fuentes utilizadas son distintivos básicos de nuestro proyecto. Por ello, las respuestas ofrecen, mediante un sistema de citas, las fuentes con las que han sido elaboradas.

Francisco de Miranda

Viajes por Rusia

Edición de Josefina Rodríguez de Alonso

Barcelona **2024**
Linkgua-ediciones.com

Créditos

Título original: Viajes por Rusia e Italia.

© 2024, Red ediciones S.L.

e-mail: info@linkgua.com

Diseño de cubierta: Michel Mallard

ISBN rústica: 978-84-96290-35-8.
ISBN ebook: 978-84-9897-756-1.

Cualquier forma de reproducción, distribución, comunicación pública o transformación de esta obra solo puede ser realizada con la autorización de sus titulares, salvo excepción prevista por la ley. Diríjase a CEDRO (Centro Español de Derechos Reprográficos, www.cedro.org) si necesita fotocopiar, escanear o hacer copias digitales de algún fragmento de esta obra.

Sumario

Créditos _____ 4

Brevísima presentación _____ 11
    La vida _____ 11
    El viaje _____ 11

Camino a Moscú _____ 13
    11 de mayo de de 1787 _____ 13
        12 de mayo _____ 13
        13 de mayo _____ 14
        14 de mayo _____ 16
        15 de mayo _____ 21
        16 de mayo _____ 23
        17 de mayo _____ 25
        18 de mayo _____ 27
        19 de mayo _____ 30
        20 de mayo _____ 30
        21 de mayo _____ 32
        22 de mayo _____ 33
        23 de mayo _____ 37
        24 de mayo _____ 40
        25 de mayo _____ 41
        26 de mayo _____ 43
        27 de mayo _____ 46
        28 de mayo _____ 47
        29 de mayo _____ 49
        30 y 31 de mayo _____ 50
        1º de junio _____ 50
        2 de junio _____ 50
        3 de junio _____ 51
        4 de junio _____ 52
        5 de junio _____ 52

6 de junio _____ 53
7 de junio _____ 53
8 de junio _____ 55
9 de junio _____ 58

Camino de San Petersburgo _____ **61**
10 de junio _____ 61
11 de junio _____ 62
12 de junio _____ 64
13 de junio _____ 65
14 de junio _____ 67

San Petersburgo _____ **69**
15 de junio _____ 69
16 de junio _____ 70
17 de junio _____ 71
18 de junio _____ 71
19 de junio _____ 73
20 de junio _____ 74
21 de junio _____ 75
22 de junio _____ 76
23 de junio _____ 77
24 de junio _____ 80
25 de junio _____ 80
26 de junio _____ 84
27 de junio _____ 85
28 de junio _____ 85
29 de junio _____ 86
30 de junio _____ 87
1 de julio _____ 88
2 de julio _____ 89
3 de julio _____ 91
4 de julio _____ 92
5 de julio _____ 93
6 de julio _____ 94

7 de julio	95

Cronstadt — 97
8 de julio	97
9 de julio	98
10 de julio	100

Oranienbaum — 103
11 de julio	103

Peterhof — 105

San Petersburgo — 109
12 de julio	109
13 (7) de julio	109
14 de julio	111
15 de julio	114
16 de julio	115
17 de julio	115
18 de julio	116
19 de julio	120
20 de julio	121
21 de julio	123
22 de julio	125
23 de julio	126
24 de julio	127
25 de julio	128
26 de julio	128
27 de julio	129
28 de julio	130
29, 30 y 31 de julio	130
1º de agosto	130
2 de agosto	130
3 de agosto	131

4 de agosto _____ 133
5 de agosto _____ 134
6 de agosto _____ 136
7 de agosto _____ 137
8 de agosto _____ 139
9 de agosto _____ 142
10 de agosto _____ 143
11 de agosto _____ 145

Ribestzkoy-Pella Chlüsselburg _____ **147**
12 de agosto _____ 149

San Petersburgo _____ **153**
13 de agosto _____ 153
14 de agosto _____ 153
15 de agosto _____ 154
16 de agosto _____ 154
17 de agosto _____ 155
18 de agosto _____ 155
19 de agosto _____ 156
20 de agosto _____ 157
21 de agosto _____ 158

Viborg _____ **159**
22 de agosto _____ 159
22 de agosto _____ 160
23 de agosto _____ 162
24 de agosto _____ 165
25 de agosto _____ 167
26 de agosto _____ 167
27 de agosto _____ 167
28 de agosto _____ 168
29 de agosto _____ 170
30 de agosto _____ 170
31 de agosto _____ 172

1º de septiembre	172
2 de septiembre	173
3 de septiembre	175
4 de septiembre	178
5 de septiembre	179

Cronstadt _____ **181**

6 de septiembre _____ 181

Libros a la carta _____ **185**

Brevísima presentación

La vida

Francisco de Miranda (Caracas, 1750-España, 1816). Venezuela.

Hijo de Sebastián de Miranda, comerciante canario y Francisca Antonia Rodríguez, caraqueña, nació el 28 de marzo de 1750.

Estuvo involucrado en la Revolución Francesa, la Independencia de los Estados Unidos y la de Hispanoamérica.

Estudió en la Universidad de Caracas y fue uno de los hombres más cultos de su época. Tenía conocimientos de matemáticas y geografía y dominó el francés, el inglés, el latín y el griego. En 1781 combatió junto a tropas cubanas, a favor de las fuerzas independentistas, en Pensacola (colonia inglesa en la Florida).

Poco después se huyó de La Habana rumbo a los Estados Unidos, tras ser ordenado su arresto. Desde Boston Miranda se fue al Reino Unido en busca de apoyo en su pretensión de independizar Hispanoamérica de España. También con ese propósito fue, en plena Revolución Francesa (1792), a París. En Londres vivió con su ama de llaves, la inglesa Sarah Andrews, con quien tuvo dos hijos.

Hacia 1805 viajó a Nueva York y en 1806 marchó en una expedición revolucionaria a Haití. Más tarde se dirigió al puerto de Ocumare, en Venezuela, donde fue derrotado por los españoles.

Miranda fue arrestado el 31 de julio de 1812 por un grupo de civiles y militares, encabezados por Simón Bolívar. En 1813 fue conducido a España, a la cárcel del arsenal de La Carraca (Andalucía) y murió allí el 14 de julio de 1816.

El viaje

El ciclo de textos de viaje de Miranda aquí reunidos comprende Cuba, Estados Unidos, Europa y Rusia. Empieza en 1 junio 1783 cuando Francisco de Miranda huye de La Habana, perseguido por las autoridades españolas y termina a principios de 1786, en Roma, Italia.

Con este tipo de libros se inaugura algo que casi se puede considerar un nuevo género: el viaje en sentido inverso, la visión del mundo relatada por los nativos del continente americano.

Camino a Moscú[1]

11 de mayo de de 1787

En fin, por sendas intransitables y desnucaderos, aunque el camino aquí no es tan malo como el anterior, avistamos la gran ciudad de Moscú —32 verstas— cuya meseta de palacios, jardines y chozas todo junto, le da alguna similitud con Constantinopla. Sobre el camino hay varias casas de campo muy bien situadas, con abundancia de árboles, alamedas alrededor y las cercanías de la ciudad por todas partes parecen sumamente agradables y pintorescas. ¡Cómo estas gentes, que están obligadas a consumir tanta leña, han podido preservar tantísimos bosques, es cosa que no entiendo!

A las nueve PM, de día, llegué a la ciudad, la cual atravesé en busca del palacio u hotel del mariscal Rumantzov. Me llevaron justamente a otra parte, palacio del mismo mariscal, que habita hoy el general mayor Bakunin y allí estuve más de media hora, hasta que me dieron un criado para conducirme. Mas es particular que a mi vista se robasen aquellos criados la pelliza de mi criado que cayó en tierra, cuando éste se apeó para entrar con la carta y, solicitada después, la negaron absolutamente todos. A las once llegué al hotel y los criados me dieron alojamiento, pues el ayudante no estaba en casa. Fue menester pagar la posta doble, 4 kopeks por versta cada caballo, pues ésta es la práctica. Tomé una taza de té y me fui a la cama.

12 de mayo

Tuve visita por la mañana del ayudante señor Besin, teniente coronel en este servicio, que me significó que el mariscal le prevenía que franquease cuanto yo hubiera menester. Me hizo traer una berlina a cuatro caballos que cuesta diariamente 4 rublos.

Salí a la una a hacer visitas, mas el gobernador no estaba en casa. Le dejé mis cartas y un billete, pues ni yo entiendo a mis criados ni ellos me entienden a mí. Después de otras, vine a casa, me hallé cerrado y me fui a comer algo en casa del *traiteur* francés, a las tres, mas hallé que la mesa redonda estaba ya concluida y que la compañía no era de lo más selecta.

---

1   Los documentos reproducidos en nota vienen agrupados al final del índice del original; reproducimos los títulos del índice entre corchetes. (N. del E.)

Propuse el que me diesen un poco de sopa en un cuarto separado, pero no lo había y me querían servir en el mismo en que estaba toda la compañía indistinta. «*S'il vous plait, monsieur*», me decía madame; «*il ne me plaît pas*», le respondí. Tomé mi coche para irme a casa a dar con un pedazo de jamón que me quedaba de mis provisiones de viaje, el cual, con un poco de leche que añadió mi criado, fue toda mi comida. Verificándose así el pasar tres días sin gustar cosa caliente, excepto el té que solía tomar cada veinticuatro horas, pues no se pudo encontrar qué comer a esta hora en las hosterías. Mi anfitrión, el mayor, no previó sin duda este caso, contando tal vez en que el general gobernador me convidaría a comer, mas éste no estaba en casa cuando yo llamé.

A las cinco PM tomé otra vez mi coche y continué mis visitas dejando las cartas y un billete, con ánimo de ir a la comedia a las seis, mas se me hizo tarde y no pude concluir hasta las ocho dadas.

¡Oh, qué extensiva ciudad es esta!, pues los jardines, parques y vacíos que en el medio se encuentran son muchísimos. Sin embargo, hay un gran número de muy buenos edificios y palacios construidos en el gusto italiano, francés, inglés, holandés, etc. y aun en un gusto peculiar, que se conforma muy poco con el griego y romano. A las nueve volví a casa fatigado. Tomé té, leí un poco, etc.

13 de mayo
A las nueve AM tuve un secretario del general gobernador cumplimentándome y dándome excusas por no haberlo hecho antes, pues mis cartas, por equivocación de los criados que me condujeron, fueron entregadas en casa del gobernador civil y así no se las llevaron a él hasta el anochecer. Me propuso asimismo el ir a ver la ciudad cuando gustase y yo resolví que hoy mismo. Se fue a hacerlo prevenir y quedó en volver.

En el intermedio tuve visita de los hijos de la señora Kamensky y de la princesa de Gortchakov, con mucha política y la primera convidándome a comer. Vino el secretario, señor Rost y fuimos a la Casa Imperial de niños expósitos. Su director, el señor Goguel, nos había estado esperando toda la mañana. Seguimos la visita y vimos todas las edades y clases diversas, tanto de mujeres como de hombres, todo bastante aseado y con muy buena dirección. Cuando pequeños, son mujeres que les asisten y cuando mayores, hombres. Se les enseña a leer, escribir, aritmética, etc., alemán, francés, etc. y a dibujar. Para los ejercicios de juventud, tienen en los jardines columpios y para formar una montaña de hielo para resbalar sin trineo. Cuando están ya educados pasan afuera con acomodo, o a una manufactura de naipes, medias, relojes, etc., que se ha establecido también por la corona en beneficio suyo. Hay actualmente en dicho colegio, según me informa su director, 1.600 expósitos y dados a criar en el campo, 2.000.

Luego pasamos al establecimiento que llaman del señor Demidov, comerciante ruso, el cual está en este propio colegio, que nos mostró el conde de Salentz, inspector actual, mayor en rango. Consiste en 100 jóvenes legítimos, que se instruyen para el comercio. A estos se les viste, alimenta, aloja e instruye en las lenguas rusa, alemana, francesa, inglesa y geografía, todo gratis. Vi sus apartamentos y todo en muy buen orden y no se puede dejar de aplaudir un semejante establecimiento, que con el tiempo procurará a la nación un cuerpo de comerciantes bien instruidos y por consecuencia más útiles. El fondo para dicho establecimiento es de 250.000 rublos que rentan 13.000 al año y con esto se subviene a todo muy bien.

Me retiré a casa a eso de las dos, donde comí y a las cinco PM tomé mi coche para ir al gran paseo que hoy hay en el convento de Novodievitchi —o convento de doncellas— donde estuvo encerrada la célebre princesa Sofía. Hubo un gran concurso de gentes decentes, ya en coches, en ventanas y a caballo varios hombres en el traje inglés, que es el que prevalece. El señor Rost me acompañó y seguramente habría más de 600 coches de muy buen gusto y con buenos atelajes. Me apeé y entré en el convento e iglesia que es bastante rica y allí observé varias mujeres de mercantes rusos en su traje de *fatá* o velo blanco bordado en oro, plata, seda, etc. y la cara muy bien pintada, cuyo afeite no lo necesitan a la verdad, pues la naturaleza las ha hecho bastante bien parecidas. Aquí encontré al señor Bougarelli, negociante y al señor de Saugie, que me vinieron a visitar un poco antes y con quienes conversé un poco sobre el país, convento, etc.

Retomé mi coche y dimos aún vueltas al paseo admirando el crecido número de damas y jóvenes y muy bien parecidas. Llamé a casa del príncipe de Gortchakov, mas no había nadie en casa y así yo me retiré a la mía. Hice venir una buena moza de dieciséis años que el *Svoschik* o cochero me trajo mediante 2 rublos que le regalé; el bribón quería 5. Dormí con ella y por la mañana se retiró muy contenta con 2 ducados que le di.

14 de mayo
Vino temprano el edecán del general gobernador, señor de Levonov, capitán, para convidarme a comer con su excelencia, mañana y acompañarme a la Universidad, etc. Vino también el señor Rowan que me convidó a comer en el gusto inglés e hizo mil cumplidos. El general me envió igualmente al señor Mey, oficial de la policía, para que me acompañase y estuviese a mis órdenes, sabiendo que yo buscaba un criado francés y no lo encontraba. Es un joven modesto y de buena educación.

Partí con el ayudante Levonov a la Universidad, donde su director, el señor Tonwizen, me aguardaba ya y con suma atención y política me hizo ver todas las clases en las cuales se enseña gratis las lenguas francesa, rusa, alemana, latina, italiana e inglesa. Cada clase de éstas por lo común está subdividida en cuatro. Filosofía moral que la dictan en latín, como si la rusa careciese de expresiones; Historia natural, cuyo profesor nos manifestó una pobrísima colección de este género, que apenas sirve para demostrar en la escuela. Hay en el día aquí 1.000 estudiantes.

Luego pasamos a ver otro instituto contiguo bajo la misma dirección, que se tiene en un pequeño edificio contiguo, donde hay hasta 106 colegiales, pensionistas de la nobleza del Estado y reciben buena y liberal educación académica por 150 rublos al año. Con 50 más pueden vestirse, de modo que por 200 se hallan alimentados, alojados, vestidos e instruidos, lo que no es caro, por cierto. Sus alojamientos, dormitorios, etc., están muy bien dispuestos y con aseo, ide modo que es de desear que el número fuese mayor por el bien de la nación! Y cuando el edificio, que actualmente se trabaja para concluir, esté acabado, tal vez tendrá efecto este deseo. Me despedí de aquellas gentes prometiéndoles otra visita por la tarde y ellos quedaron tan contentos y no menos yo de su civilidad.

Al Kremlin, donde me aguarda el custodio, señor Kogen, Consejero Actual de Estado, para quien traje carta del príncipe Potemkin.[2] Me recibió

---

2   **[Primer contacto con Potemkim]**
Miranda describe así su primer contacto con Potemkin (Diario 31-12-1786):

Por la mañana escribiendo. Comí en tête-à-tête con la princesa y luego tuvimos varias visitas de damas rusas del país. Vino el príncipe Viazemskoy, quien me repitió que el príncipe Potemkin deseaba verme y luego un edecán de dicho príncipe convidándome a pasar la noche en su compañía. Hice buscar una espada a instancias de mi amigo y sobre todo de la princesa, por quien más bien tuve esta condescendencia... iválgame Dios y qué pequeñeces y miserias!
En fin, a mi llegada, se me abrió campo por todas partes y los edecanes me condujeron al aposento privado de Su Alteza, que se levantó para recibirme muy políticamente y me hizo sentar... Nassau estaba sentado a su derecha, hablándole con suma confianza. Tomamos té los tres, hecho por las manos del mismo príncipe, que me hizo varias preguntas comunes relativas a la América española y me preguntó por mi patria. El dicho Nassau vino a mí, preguntándome si viajaba por orden de la Corte o por mi gusto, con otras cosas al tenor y luego pasó a informar al príncipe al oído. Un tal Ribas, nativo de Nápoles, edecán también y coronel de caballería en este servicio, vino a hablarme en español y me parece sujeto de buen modo y tal cual instrucción. En esto entró la condesa Sivers, que es una zorra, que, aunque de buenas gentes, ha vivido como tal en Petersburgo y retirada en Krementchug, donde nadie la veía. Ha hecho ahora la amistad del príncipe, le sigue como su P... y todo el mundo se apresura a hacerle la corte. Vive aquí en la casa del comandante de la fortaleza; guibal, es su Edecán y Rumantzov, Nassau y el gobernador de Krementchug le adulan pública y bajamente. Al entrar, el príncipe le dio un beso, la sentó a su mano derecha y se acuesta con ella —según dicen— sin más ceremonia.
Luego vino al concierto compuesto de cinco músicos, entre los cuales un sargento mayor, un joven flautista de diecisiete años y otro violinista, eran pasables. Tocose música de Boccherini y me preguntó dicho príncipe si la música me gustaba, entrando en conversación sobre el mérito de este autor, que él cree preferible a Haydn y que de sus composiciones, los cuartetos son lo mejor.
El general Suvorov se me puso al lado para molerme con preguntas majaderas y el príncipe le dijo muy claramente que se callase la boca. iOh, válgame Dios, que adulador, ridículo y contentible se hizo Rosarovich! que se metió allí sin llamarlo, hasta que al fin fue menester que un edecán lo echase fuera, por cuya razón también yo me retiré algo después de las nueve, aprovechándome del coche del príncipe.

Una vez más, el 1-1-1787, relata otro encuentro con el príncipe Ruso:

Lo pasé en casa escribiendo y por la tarde recibí un edecán del príncipe Potemkin convidándome a pasar la noche en su compañía. Supe que sintió mucho el que no me hubiese quedado a cenar la noche antecedente. Fue también la princesa que tuvo recado de su parte. Me recibió con suma política; hubo música al ordinario, yo me quedé a cenar, los príncipes se retiraron.

17

con sumo agrado y procedimos a ver el tesoro. Subimos por la escalera roja que llaman, a causa de estar cubierta de este color o porque en ruso es expresión de cosa selecta, por donde solo los soberanos podían montar en otro tiempo —bastante mal, por cierto— y entramos en los cuatro apartamentos principales que contienen grandísimo número de vestidos, vasos, vajillas, joyas, coronas, bandejas de oro y plata, etc., la mayor parte antiguallas de los zares, mas de mucho valor el todo. Distínguense entre otras cosas, las coronas de Siberia, Kazán, Astrakán y Rusia; una gran silla de oro y plata embutida de piedras preciosas, hecha en Persia. Otra en que Iván y Pedro I se sentaban y una ventana cubierta por donde la hermana Sofía oía e influía en los hermanos. Una silla y arnés riquísimo, regalo del presente gran señor. Las leyes primeras que formó Juan Basilides, escritas en papel al uso romano y guardadas en una caja redonda de plata. Dos grandes bandejas de plata en que se representan batallas en bajorrelieve de muy

---

En la mesa me puso a su lado y hablamos sobre materias políticas. Entre otras cosas me dijo que la emperatriz había sido solicitada por el rey de España para que no recibiese a los jesuitas y que sobre el rehusar la petición, le había significado que algún día se arrepentiría de haber admitido «semejantes gentes» en sus dominios, reflejando que qué podrían hacer en un gobierno de nervio y que en uno débil todo el mundo podía. Se habló del marqués de La Torre, que era su amigo y de un tal míster Ellis, de Jamaica. También sobre el carácter del pueblo español y observome la cantidad de marineros de la escuadra de Aristizábal que se habían hecho mahometanos en Constantinopla. En fin, a eso de las doce concluyó la cena —solo había la gente de casa y la señora Sivers— y yo tuve el gusto, además, de ver entre las gentes que concurrieron cinco embajadores de los pueblos del Cáucaso, que han venido a tratar con la Rusia sobre asuntos políticos. El traje aproxima del Prusiano.

El 2 de enero tiene también otra cita con el alto funcionario ruso:

...Luego a casa a vestirme e ir a hacer una visita al príncipe Potemkin, mas Viazemskoy me decía que haría mal de ir si no me llamaba. ¡Ah, envidia maldita! En fin, en esto llega un edecán con recado del príncipe para si gustaba pasar la noche juntos. Fui allá y me recibió con la política y distinciones ordinarias. Supe que había extrañado el que madame no me hubiese convidado a comer con él y que se lo dijo. Tuvimos muy buenos cuartetos de Boccherini; el mayor Rosetter toca excelentemente el violín sin haber salido de Rusia. Ribas me informó que creía seguramente que el príncipe se proponía convidarme a la Táuride para ir juntos a Kiev. Mas yo le insinué con el mayor agradecimiento y en el mejor modo, que yo solo viajaba por instruirme y evitar en lo posible la proximidad de las Cortes, el favor, etc. Él me aseguró que Su Alteza había hablado de mi persona con sumo aprecio y distinción aquella mañana y que así él buscaría una ocasión de manifestarle mis buenos sentimientos...

buen gusto, dádiva, dicen, de un rey de Inglaterra. También algunas obras de marfil romanas, modelos de exquisito gusto; una pequeña colección de ámbar, etc., etc. El general Kogen me ha prometido una nota de estas cosas y si me la envía irá aquí inserta. Estuvimos después en la sala más alta y en el *Teremock* o pequeña torre que está encima, donde los zares solían montar por una pésima escalera, a gozar de las vistas hermosas que desde allí se descubren.

Pasamos luego a la armería, en que se ven en tres grandes apartamentos, infinitos fusiles, espadas y cimitarras de los antiguos zares y sobre todo un gran número de sillas de montar y arneses de caballos de un gusto oriental y riqueza suma. La plata, el oro, perlas, diamantes y bordados más ricos los decoran y en su género se puede decir que es la más rica colección de Europa. Noté aquí un crecido número de espadas tan grandes como el alto de un hombre y anchas en proporción, de modo que era menester servirse de las dos manos para usarlas. Algunas damas que se prevalieron de la ocasión, también nos acompañaron a ver estas cosas. Di mil gracias al general y me fui con dicho edecán a ver la famosa campana (y noté que todas las puertas y ventanas eran de hierro y cerradas a modo de prisión, lo que indica que no faltan ladrones). Está esta enterrada toda cerca de la torre de Iván Veliky o Juan el Grande, en el paraje mismo en que se fundió, pues cuando la suspendieron para montarla en dicha torre, un incendio sobrevino y quemando los maderos, cayó la campana en el mismo lugar de donde la sacaron y se rompió un pedazo del labio. Yo bajé por una malísima escalera para examinarla de cerca. Hallé que era una hermosa pieza, mayor sin duda que ninguna otra que exista en Europa y dos veces mayor, a mi parecer, que la de Toledo, en España. Los otros no se atrevieron a seguirme en la bajada por el riesgo que decían había de caer.

Un poco más adelante, sobre la Plaza de Parada del mismo Kremlin, está montada una grandísima pieza de artillería, de bronce, hecha en el gusto de aquellas monstruosas que se ven en Constantinopla, en forma de obús, aún mayor y se dice que fue tomada a los tártaros. Es hermosa pieza de fundición. Y otras dos están también al lado, fundidas aquí por rusos, en forma de culebrinas y de un grandísimo calibre. También hermosas piezas. A casa.

A las cuatro PM vino el señor Mey y fuimos a la Escuela General Nacional que está inmediata, bajo la dirección y plan del procurador general príncipe Viazemskoy, en que se enseña la lengua rusa en perfección por cuatro profesores. La aritmética, geografía y geometría gratis. El dibujo, etc. Hay actualmente 235 estudiantes y el número es ilimitado. Paréceme esta institución muy bien dirigida y que si la Rusia adopta estos planes generalmente, sentirá muy pronto su beneficio en la masa general de la nación.

* * *

A la casa de Inválidos, que está al remate de la otra parte de la ciudad. Paseamos primero el jardín y después fuimos a las barracas de madera en que habitan los pobres soldados en número de 350, muy estrecha y malísimamente alojados, a la verdad. Casi es imposible de sufrir la densidad del aire. Noté que estos todos se dejan crecer la barba. ¿No será ello más bien por pereza o indolencia que por superstición u otra cosa? Tampoco vi ningún cojo ni manco, ni sin pierna o brazo, lo que en un hospital de Inválidos de Rusia arguye muy poco crédito en la profesión quirúrgica, etc. ¡Si fuesen los del papa, pase! Tampoco dejan habitar las mujeres con sus maridos, lo que es cruel, a la verdad.

De aquí pasamos a la gran casa en que están los oficiales a dos y a cuatro en un apartamento, pues las cámaras son grandes y se ve que la casa no fue hecha para el efecto. Así la compró la emperatriz actual, que es la instructora, al general en jefe Soltikov. Los apartamentos altos van en ruinas y hay una capilla bonita. El director, señor Chipilov, nos enseñó todo con suma política y muy buen modo y me informó que hay allí actualmente veinticinco oficiales, que puede haber hasta 200 y que, cuando todos los edificios proyectados estén concluidos, el número de soldados iría hasta 2.000. Dicho director me propuso que bajásemos al hospital que está inmediato y así seguimos a pie cerca de 2 verstas. No creí que estaba tan lejos. Este se llama el Hospital de Catalina y está bajo su dirección. Contiene los inválidos enfermos y gente pobre hasta el número de 150 enfermos muy bien asistidos y en mejores circunstancias de aire y alojamiento que en las barracas de Inválidos. Hay sus apartamentos separados para las mujeres y otros para los locos, cuyo número son siete solamente. El todo está con bastante aseo y regularidad. Las camas tienen sus cortinas y no hay más que de seis a ocho enfermos en cada apartamento. Me despedí muy contento de estas gentes.

Al Hospital Militar, fundación de Pedro el Grande para 1.000 soldados enfermos. Hay actualmente 632 enfermos solamente. Visité las dos grandes salas que hay abajo y el aire es bastante denso, mal olor y demasiado juntos los enfermos, que realmente están bastante mal. Pasamos a lo alto en que está la botica bastante puerca y también una sala y escuela de anatomía, colección de piezas anatómicas, fetos, etc. Había un cadáver preparado para disecar.

De aquí pasamos a otro edificio o barraca, en que hay otra sala de enfermos que están realmente mucho mejor y más aseados que los primeros. De aquí pasamos a ver el baño, en el gusto ruso y muy cochino, no así los de los turcos. Al apartamento de los locos, en que había once solamente, entre ellos un francés. Al alojamiento de los estudiantes de anatomía, cuyo número es de 100, alojados, alimentados e instruidos gratis y cuando han concluido tienen su destino en el ejército. Están cochinamente alojados, mas no así otros veinte pensionistas —se reciben hasta sesenta— que pagan. Están muy bien alojados, aseados y con sus buenos libros que anuncian el hombre decente y aplicado. Muy bien a la verdad. Estuvimos después en el jardín donde se observa un círculo de árboles y uno en medio, que Pedro I plantó con su propia mano y es el más hermoso de todos.

Al Palacio Nuevo de Catalina, que actualmente se está edificando y no vimos más que el exterior, mas el gusto y proporciones de su arquitectura no es de lo mejor. Una logia en el centro, con columnas aisladas, mas embutida en la muralla y por consecuencia sin vistas laterales, es idea original. Mas la situación no es mala y tiene un bellísimo jardín. A casa ya de noche, donde vino mi moza del día anterior y dormimos juntos.

15 de mayo
Vino el ayudante y el señor Mey y nos dirigimos hacia la catedral para ver el tesoro, mas como era ya un poco tarde y por alguna equivocación del ayudante, hallamos todo cerrado. Yo en el ínterin monté a la Torre de Iván Veliky o Juan el Grande, para gozar de la completa vista que de aquí se goza de

toda la ciudad. Efectivamente estuve allí muy divertido por más de una hora. La campana mayor es una pieza hermosa. Me parece del propio tamaño que la renombrada de Toledo.

De aquí pasé a la famosa botica fundada por Pedro I para preparar bien toda la medicina que se distribuye a todas las boticas imperiales del reino. Me prometí encontrar una cosa magnífica, mas no lo es y está sumamente puerca. El gran apoticario me enseñó todos sus almacenes muy bien provistos de cuantos ingredientes son necesarios y el laboratorio químico, todo con el mismo vicio de porquería que he dicho antes. Es un alemán sin embargo, dicho señor mío. Visité asimismo el alojamiento de seis estudiantes o colegiales que aquí se instruyen gratis en la farmacia y no están mal y asimismo su alojamiento y su mujer, que son mejores... A casa a vestirme.

A la una y media fui a casa del general gobernador, P. D. Yerapkin, general en jefe, que me recibió con todos los honores, manifestándome que el príncipe Potemkin y el mariscal Rumantzov me habían recomendado muy distintamente y que se alegraría de poder servirme, etc. Encontré allí mucha compañía y entre otros al conde de Ostermann, senador privado y hermano del canciller que está en Petersburgo, quien me hizo halagos y sirvió de intérprete, pues el general no habla francés. Tomamos nuestro *shala* en el gusto ruso y después nos fuimos a comer. Hubo muy buena sociedad y una señorita que estaba a mi lado hablaba el francés y el amigo Korsakov que también estaba aquí. Mucho se enfadó el general con su ayudante cuando supo que la catedral no había estado abierta a mi llegada.

De aquí partí a las cuatro con el señor Rost al Hospital de San Pablo, fundado por el gran duque actual. Paseamos primero en el jardín que tiene muy buenas vistas y extensión. Luego a las salas, donde no hay más que 55 camas, mas muy bien cuidadas y aseadas. En cada pieza no hay más que dos o cuatro enfermos, con sus cortinas, ventilación y muy buen orden. Hay sus apartamentos también para mujeres, en que observé siete jóvenes y muy bien parecidas, que padecían del maldito mal venéreo, como asimismo un niño que apenas comenzaba a andar. Ojalá que todos los otros hospitales disminuyesen el número de enfermos y aumentasen la salubridad del aire, aseo y buen orden que en este de San Pablo se observa.

De aquí fuimos al Palacio Vorabiotzky —Dvoretz, o Palacio de los Gorriones— situado sobre una gran colina de este nombre a cosa de 2 verstas fuera de la ciudad. Es la más bella situación que quiera imaginarse y de donde la ciudad de Moscú presenta la perspectiva más bella. Yo no sé, a la verdad, por qué este sitio está abandonado y por qué la emperatriz no ha fabricado aquí en lugar de hacerlo sobre tantos otros parajes muy inferiores a éste. El palacio que allí hay es uno viejo de madera, casi enteramente arruinado y absolutamente inhabitable. Aquí estuve más de una hora gozando de la hermosísima vista que esta situación ofrece de la ciudad y de un prado hermoso que justamente está a la falda, con agua corriente del río Moscova.

De aquí fuimos al otro extremo de la ciudad a ver el otro palacio que se acaba de edificar en ladrillo, llamado Petroffkoy-Dvoretz o Palacio de Pedro. Está también a cosa de 2 verstas fuera de la ciudad sobre el camino de Petersburgo. Su arquitectura toda es en imitación de la gótica, más imperfecta y con muy poco gusto. Visitamos el interior que nada ofrece de remarcable sino la gran sala en forma rotonda de muy bellas proporciones con buenos adornos de arquitectura y magnífica en su tamaño. No tiene escalera principal dicho palacio y se sube por dos pequeñas que están encubiertas. Monté al tope sobre el techo, mas no ofrece vistas particulares. Monté también sobre dos torres de las que forman el recinto, con una muralla que gira por todo el rededor, mas ninguna de sus vistas, aunque no malas, es comparable, con mucho, a las del Vorabiotzky. A casa, donde llegué cansadísimo a las diez de la noche, aún de día y con Sol.

16 de mayo
Vino Korsakov a las nueve y fuimos como domingo, primero a la catedral. ¡Oh, qué multitud de gentes! Aquí estuvimos como diez minutos y partimos al Donskoy-Monastir o el Monasterio del Don, por ser obra de los cosacos del Don y donde la congregación es más selecta. Estuvimos allí como media hora, en cuyo tiempo examiné todas las pinturas al fresco que cubren sus plafones, murallas, etc., internamente y son de mejor gusto, diseño y colorido

que cuantas llevo vistas hasta ahora en las iglesias griegas; aun la arquitectura parece mejor.

Aquí fue donde sucedió, hace dieciséis años, creo, el 16 de septiembre de 1771 V. E. —cuando la peste— el trágico suceso del arzobispo Ambrosio, que fue asesinado por la plebe con una hacha que le dividió la cara en dos pedazos. Él se disfrazó en vestido de paisano y se escondió en un zaquizamí de la iglesia; mas un niño le descubrió y los facciosos le sacaron fuera. Pidió que le dejasen primero hacer oración; se lo concedieron y viendo que dilataba, lo arrastraron fuera y como a 50 toesas fuera de la puerta, junto al sitio en que hoy hay una garita de madera, lo mataron. Cuando el emperador estuvo aquí fue a ver dicho sitio, en que habían puesto una piedra con una cruz; mas desde entonces la policía la hizo quitar. Luego pasamos a la Iglesia Católica Romana cuya congregación es numerosa y decente. La iglesia es poca cosa. Hay aquí además dos iglesias de protestantes luteranos y una de calvinistas.

A comer en casa de la señora Kamensky, que es de la familia Galitzin y es bien parecida y amable. Aquí estaba el príncipe Sibirsky, el príncipe Galitzin y la princesa de Georgia, con su hija de unos dieciocho años, muy bien parecida, ojos negros españoles. Y no hay duda, por los individuos que he visto de esta nación, que la común opinión que hace descender a los españoles de la Georgia, o por mejor decir los georgianos de colonia española, lo confirma el personal y facciones de esta gente. Tuvimos buena sociedad, tomamos café y luego al jardín, que es bastante bueno. Madame vino a hacernos ver su invernadero en el que había bastantes albaricoques. Estuvimos allí aún en sociedad; se opone a que sus hijos salgan fuera a educarse.

Luego me fui a casa de Korsakov, que ya me aguardaba para ir al paseo del jardín de la emperatriz. Fuimos allá a eso de las seis y media y estaba cubierto de un numerosísimo concurso de damas muy bien vestidas, jóvenes y hermosas. El cuadro era bellísimo y pintoresco en la gran avenida entrando por la pequeña puerta del remate que comanda la vista del todo. Dimos varias vueltas hasta después de las nueve y es cierto que tiene este paseo mucha conexión con el de Kensington en Inglaterra. El jardín está hecho en el gusto inglés y es hermoso. Observé que todas las damas, grandes y chicas, estaban pintadas excepto una y ésta era la hermosa señorita Mansurov, con quien tuve el gusto de hablar un rato y no le dejó de agradar mi observación... Hablé también con la señora condesa de Strogonov que parece mujer instruida. Ha viajado y vive separada del marido actualmente. Había aquí el grupo interesante de un mercante ruso a larga barba, su hijo y mujer. Esta muy bien parecida y con su velo o *fatá* muy rico y una escofieta de ricas perlas que al menos valdría 4.000 rublos y muy pintada, etc. Y el marido estaba tan hueco de que todos admirasen su mujer. Otra le acompañaba, tan ricamente vestida. A casa fatigado.

17 de mayo
Temprano fui a ver la nueva casa de gobierno que se está rematando de construir en el Kremlin. Tiene dos grandes piezas, una oval y otra redonda, que son magníficas y bien decoradas en arquitectura. La segunda planta contiene estantes para papeles, archivos, etc., de una gran extensión y es lástima que no conteniendo dicho edificio materia alguna combustible, estos lo sean, pudiendo haberlos hecho en lugar de madera, de cuero y hierro, pues muy bien puede suceder que sin quemarse el edificio ardan los papeles y archivos. Dicho edificio es vasto y no de mala arquitectura... mas es nada en comparación del que está enfrente del antiguo Arsenal —construido en tiempos de Pedro I por Le Fort—. Hay sin embargo un numeral sobre la puerta principal que dice 1736, lo que apoya la opinión de los que dicen fue obra de Münich en tiempo de la emperatriz Ana. En mi concepto, éste es el mejor edificio que tiene Moscú, tanto por su solidez como por sus bellas proporciones y gusto de la arquitectura. La puerta principal está decorada en piedra en orden dórico, por el mejor gusto griego y me admira cómo un tan magnífico y útil edificio no esté aún reparado de la ruina a que un incendio redujo su interior. Lo comienzan ahora a restaurar.

De aquí pasamos por la puerta en que estaba la imagen que causó el tumulto de Ambrosio, a la iglesia que llaman de las Trece Torres, porque efectivamente contiene este número, que están cubiertas por otras tantas cúpulas diversas y una galería elevada, o terraza que gira por todo el rededor. La disposición e idea del edificio es singular, a la verdad y por lo tanto merece ser visto. Un hombre comenzó a abrir candados y cerrojos y más cerrojos para mostrarnos en cada una de ellas, un altar o pequeña iglesia dedicada a un santo distinto, cuyo expediente no dejará de producir limosna en abundancia. Yo le preguntaba para qué era tanto candado, si aún robaban también a los santos y me respondió que ciertamente. Esta iglesia se llama Sobor-Pochrova o Congregación de Protegidos y es la por quien se cuenta que Iván Basilides hizo sacar los ojos al arquitecto, o ahorcar, para que no hiciese otra, etc. y no por la de Jerusalén, como dice el señor Guthrie, pues este templo es de posterior data.

De aquí pasamos a ver una figura del difunto rey de Prusia, Federico II, al natural, que mediante un rublo hacen ver. La semejanza no puede ser mejor, a que se añade el estar vestido con sus propios vestidos, botas, fraque azul con forro de tafetán encarnado, calzones de terciopelo negro de algodón, chupa de paño blanco, bien sucia de tabaco, pañuelo negro al cuello, etc. y hasta un pañuelo suyo con mil zurcidos ya y su marca en seda. Está representado en el acto de volver de la parada y leer algunos memoriales que están sobre una mesa. El autor es Stain, de Berlín, que ha enviado otras dos, dicen, a París y a Londres. La hacen ver con luces encendidas, lo que hace más perfecta la ilusión. Estuve allí muy divertido, contemplando al gran Federico por más de una hora.

A comer en casa de Korsakov, que tiene una muy buena pequeña colección de libros y bustos antiguos, etc., en una casa propia muy decente. Comió aquí igualmente un capitán de caballería francés en este servicio y el señor La Rosière, edecán que fue del duque de Broglie y hombre instruido en el arte militar, con quien hablé mucho sobre el particular y conoció a O'Reilly en casa de dicho mariscal.

De aquí fuimos al Vaux-Hall, que es un jardín formado por un inglés, el señor Madocks, en imitación del de Inglaterra. Hay una gran sala redonda que sirve de teatro —donde se representan pequeñas piezas en ruso—, pórtico circular y otros tres apartamentos en que se baila, se juega a los naipes y sirven té y café. En la rotonda también se baila, concluida que es la pieza. Había un concurso lucidísimo y demasiado numeroso para el lugar, que no es muy extenso. Se paga un rublo a la puerta y no entra sino gente de forma. Aquí estuve hasta las once y media que me retiré a casa, pues es una «seccatura», sin sociedad absolutamente y puedo decir que jamás vi tantas gentes juntas sin estar en sociedad.

18 de mayo
Temprano fui con el señor Rost a ver el tesoro de la catedral, etc. Primero en una de dichas iglesias en que se ve una magnífica pieza de oro sobre el altar representando el Arca del Testamento, dádiva de la presente emperatriz. Luego al tesoro, en que hay tantas mitras y vestidos con perlas, diamantes, etc., que no concluye. Entre otras cosas hay una pequeña arca o tabernáculo de oro cogido en Moldavia, presente del príncipe Potemkin; varios ricos vestidos que se pretende trabajados por las manos de la presente emperatriz y una mitra que vale más de 60.000 rublos; los libros de los Evangelios están guarnecidos riquísimamente en oro y adornados con piedras preciosas de un gran valor. En el centro de la iglesia hay una araña de plata maciza de extraordinaria magnitud. Vamos a las reliquias... las dos que se cagan en todas son un pedazo de la túnica de Jesucristo y un clavo con que fue crucificado... La manufactura de aquella no pude examinar porque la han cubierto con un cristal grueso para que nadie satisfaga esta curiosidad. Hay también una imagen colosal de la Virgen María que se dice trabajada por todos los apóstoles y milagrosísima. Malísima pieza de pintura, con respeto del apostolado entero.

De aquí pasamos a la segunda catedral en que están los sepulcros de todos los zares. Uno fue santo y así goza de un sepulcro de plata maciza muy bien trabajado, dádiva de Catalina II; mitras y libros también en menor número.

Luego a la tercera catedral en que no faltan también sus reliquias y vasos sagrados ricos, mas en menor número comparativamente. Y esta iglesia no está enladrillada de hierro como las demás, sino de un mármol que los frailes me decían ser ágata.

En fin, fuera ya de tanta reliquia y superstición, pasé al antiguo palacio de los Patriarcas, en que se ve una larga colección de vajilla en oro y plata, báculos y vestidos sumamente ricos... De todo me compadece más una colección de libros antiguos que está por tierra, en que me dicen hay varios manuscritos apreciables y tal vez contendrán algo de bueno que, en aquella forma, nunca llegará a nuestra noticia seguramente. También hay aquí dos grandes vasijas de plata en que se hacen los óleos, magníficas y de buen gusto. Todo este edificio es por el gusto del palacio de los zares, arquitectura tártaro-gótica y sin gusto alguno.

De aquí pasamos a la nueva casa del arzobispo, en el mismo Kremlin, que nadie habita y es muy buena. El presente arzobispo que la edificó prefiere otra, que está retirada del bullicio y tiene un jardín en que se pasea. Dicho palacio es bastante bueno y en él se observan varios retratos de sus antecesores, dos mesas de composición marmórea, regalo del príncipe Potemkin y obra de los jesuitas que se han retirado aquí, muy buenas; la colección de medallas y el lecho de la gran duquesa difunta, que se dio a su confesor Platón, como es de costumbre.

De aquí pasamos al palacio de la emperatriz, que sirve para el gobernador general de Moscú. Es magnífico y muy bien alhajado, con excelentes tapicerías de Gobelinos, que aún inmortalizan en sus dibujos la historia de Don Quijote. Dicho palacio era del mariscal conde de Tchernichev y la emperatriz lo ha comprado a la ciudad por 200.000 rublos; habrá costado el doble cuando menos. Tampoco lo habita el actual general gobernador, que prefiere su moderada casa propia. Visité aun la cocina, caballeriza, etc., todo muy bueno y bien dispuesto.

De aquí pasamos a las librerías francesas, mas no pude encontrar el mapa ni descripción de Moscú que buscaba. El librero me prestó un escrito del año pasado en que un ministro luterano de Petersburgo publica en Berlín reflexiones sobre esta nación rusa, muy bien. Asegura que el número de extranjeros en Petersburgo llega a 24.000 almas. He leído asimismo una historia de la vida de Pedro III, publicada por el señor de La Marche, que es interesante, aunque un poco acrimoniosa.

Luego pasé a ver la antigua Bolsa del Comercio aquí, que está por la mayor parte arruinada y es en forma de «han» con una galería y alojamientos en el segundo plano para los mercaderes que arribasen, como en Turquía. Abajo están las tiendas con su pórtico todo alrededor y así se llama en ruso «Gastinai-Duord», patio de huéspedes.

De aquí a las tiendas que están pegadas y en forma del *Bezistin* de Constantinopla. Las mercancías están por clases y las calles son sumamente estrechas. No creo haya menos de 6.000 tiendas en este solo paraje. En ruso se llama *Kitai Gorod*, o la villa chinesca, naturalmente porque las mercancías de la China eran las principales que aquí se vendían antiguamente, cuando este país estaba en poca relación con Europa. Fui también a comer con Korsakov y el señor de La Rosière me informó de una obra póstuma militar de Guibert, con quien él estaba en correspondencia y que hace poco ha muerto. (¡Falso!)

Después al jardín de la emperatriz, que paseamos por todas partes y es hermosísimo. A las nueve al Club, que llaman, para el cual me envió el general un billete por la mañana. Esta es una magnífica sala, acaso la mayor de su especie en Europa –tiene 120 pies de largo y 72 de ancho– con sus buenas decoraciones de arquitectura en columnas aisladas de madera al parecer de orden corintio, creo. La forma es cuadrilonga y hermosa. Hay una galería que corre por todo el pórtico a la altura de los dos tercios de las columnas y en ésta está la música. Por toda la galería baja o pórtico, que es más elevado que el piso en que danzan, hay sus escaños forrados para sentarse, muy decentes. La iluminación se forma por dos series de arañas de cristal que cuelgan en los intercolumnios en la baja y alta galería, de que resulta que la iluminación no es igual y que el centro, que debía ser más iluminado, lo está menos que los lados.

Hay sus grandes salas para jugar a los naipes, sin lo cual no hay aquí diversión y también *toilettes* para refrescar la pintura constantemente, como también en el Vaux-Hall, en que observando nosotros una *demoiselle* muy empeñada en la maniobra a la vista de todo el mundo, mi compañero Korsakov, que la conocía, se tomó la confianza de decirle que aquella adición le era inútil, etc. «¿Cómo señor?, le respondió, ¿sería decente el presentarse por la tarde con el *rouge* marchito de por la mañana?». ¡Qué diablo de idea de la decencia tiene esta señora!

Hay también una sala grande en que se sirve de cenar y los que gustan, cenan muy bien por un rublo. Converse un poco con la señorita Mansurov; la princesa Gagarin estaba allí y es hermosa forma. Y es singular que ninguno de los directores se llegase a hablarme mientras estuve aquí, sin embargo de que me convidaron por el billete que me envió el general. Después de cenar me retiré a medianoche y la asamblea contendría esta noche más de 1.500 personas, la mayor parte doncellas, que no sé realmente cómo se han de casar. Se me asegura que este club se compone de 2.000 suscripciones, a 20 rublos los hombres y 10 las mujeres y de ellos 1.600 son mujeres. Otros dicen que 600 solamente son hombres, mas de todos modos el número es sumamente inferior.

19 de mayo
En casa por la mañana leyendo y a las dos me fui a casa del señor Rowan, donde llegué a las tres, pues vive en el otro extremo de la ciudad. Estaban allí el señor Bougarelli, el señor Saugie, etc. y tuvimos larga e instructiva conversación acerca del país, disposición del gobierno, no tan suave como parece, etc. Tomamos té juntos y después me fui a las seis a casa de Lazarov para ver varias muestras de telas de seda de muy buen gusto, que hace trabajar para entapizar el nuevo palacio de Catalina II. Me enseñó efectivamente hasta veintinueve diferentes piezas diversas, que en nada ceden, por el trabajo, colorido y solidez a las mejores de Lyon, bien que en el diseño podía haber más corrección y gusto. Dicha manufactura fue establecida por Pedro I y después el padre de éste, armenio de nación, la tomó y perfeccionó. Está, creo, a 60 verstas de aquí y en mi concepto es la primera manufactura de su especie en este país.

De aquí fui al teatro —el general me envió billete— en que se dio una pequeña ópera rusa, con bailes, etc.; todos nacionales los actores y a fe que imitan a los italianos y franceses en sus monerías perfectamente. Nunca hubiera creído que un cuerpo ruso pudiese plegarse y afeminarse tanto. Aquí hablé con la señorita de Korsakov, que me parece muy amable. El teatro éste es bien grande y por el orden general de los presentes, sin cosa particular. El señor Madocks, el del Vaux-Hall, es también empresario de éste. A casa y me trajeron una mala moza con quien dormí y chapé cuatro veces en la noche, cosa muy extraordinaria para mí.

20 de mayo
La consecuencia ha sido levantarme un poco tarde. Recibí recado del general gobernador, que el conde de Cheremetief me convidaba a comer, si gustaba

de ver su casa de campo de Kuskovo. Me habilité y marchamos el señor Mey y yo. Ya estaban para sentarse a la mesa cuando llegamos, pues hay 7 verstas.

Comimos en muy buena sociedad en un pabellón que por fuera representa una pila de paja y por dentro está muy decente y después pasamos a su habitación que llama la *Solitude*, pequeño edificio separado del gran palacio. Tomamos café, vino el joven conde y me dio excusas por no haber estado a comer, parece amable. Después el barón de Lautitz, que vive en su compañía y el señor de Bouilli, preceptor de su hijo pequeño y hombre instruido, me acompañaron a recorrer este vasto jardín.

Primero fuimos a la parte que llaman el jardín anglochinesco. Observase, entre otras cosas, un capuchino muy al natural que escribe en su cueva y enfrente hay otra obra en que tiene su criada que le trae champiñones y es muy buena moza; una celda en roquería, etc. y casa de pesca. Aquí tomamos la «Línea», que llaman, con dos canapés unidos sobre un *trusky*, cosa muy cómoda para pasear el jardín —lo tiran dos caballos— y nos fuimos al Gran Palacio que es magnífico.

Remarqué en él, particularmente, un cuadro original que representa la batalla de Poltava y fue pintado en París bajo la dirección de Pedro I cuando estuvo allí y así se parece su persona que está a caballo. Me estuve más de una hora viendo este cuadro que es sumamente interesante. Y en la armería está la silla y *houppe* de Carlos XII, el día de la batalla, en terciopelo y con piedras; tal vez ésta sería la silla y caballo de respeto. Vi allí también, entre muchas armas, fusiles de Madrid, cuyos cañones gozan estimación general. Hay también varios cuadros flamencos de gusto y algunos plafones de mediano mérito. A la galería de retratos en que está una colección completa de todos los zares y soberanos de Rusia. ¡Oh, qué hermosa es la pícara de la princesa Sofía!... Bellísima mujer. Hay también la de muchos soberanos de Europa y el del rey de Polonia actual es el mejor y más parecido que he visto. En un gabinete se observan varias figuras pequeñas de cera: Voltaire, Rousseau, D'Estaing, Franklin, etc. y una mujer desnuda sobre la cama y otra que, perfectamente remangada, se lava el c... en el bidé. Esta última me dicen costó 100 libras en París y no hay duda que está muy bien trabajada, pues en los muslos y pechos se ven las venas, pelo, etc. y lo mejor es que aquí entran también las mujeres, mas en Rusia esto no es escandaloso.

Vimos el obelisco de mármol que le regaló la presente emperatriz, que está enfrente de la gran puerta.

De aquí pasamos a los diferentes casinos y pabellones, todos en el gusto nacional y muy curiosamente adornados, como son la Gruta, la Casa Italiana, la Casa Holandesa, el Carrusel, Juego de Mallo, Laberinto, Teatro, Menagerie, Ermitage, etc. Este último tiene una mesa que se monta por cuerdas y asimismo cada plato, con sumo ingenio, muy bien adornado todo. Vi en un pabellón un par de zapatos de mujer, chinos, que no son mayores que los de un niño de tres años... ¡tal se oprimen el pie! Eran de tela de seda. En fin, hasta después de las nueve no pudimos acabar de concluir el paseo por este inmenso y variable jardín... muy en el gusto del príncipe Esterhazy en Hungría. Por último estuvimos sobre el belvedere, de donde se descubre todo el conjunto y se ve mejor el laberinto que está inmediato. Cenamos juntos y la señora Godin, que es la aya de la chica, parece mujer instruida y decente, como asimismo el señor de Bouilli. El conde me entretuvo con anécdotas muy interesantes acerca de la vida de Pedro I, pues su padre era el gran general y comandaba en jefe; el soberano bajo sus órdenes. Después de las once me retiré y llegué a mi casa cerca de la una de la mañana. El conde me regaló las perspectivas y planos, con una descripción en ruso, de dicho jardín.

21 de mayo
Temprano recibí un dibujo que faltaba del obelisco y la atenta carta adjunta del barón de Lautitz, convidándome en nombre del conde, a hacerle otra visita antes de mi partida. A las once fui a la catedral para ver oficiar de pontifical al arzobispo Platón con motivo de ser día del pequeño gran duque Constantino... Lo mismo que en Kiev, mas un gran concurso.

A las dos fui a comer a casa del general gobernador que tuvo convite de ceremonia e infinitas gentes. Me presentó al arzobispo Platón con quien tuve una larga conversación y es hombre de suma erudición y sinceridad. Me decía que la prueba de que aquí no había tolerancia, ¡era de que él no me podía decir que la había! Hubo sus brindis de ceremonia pasando la copa como en Kiev y comí un pescado fresco que llaman *Stealit* del Volga, sumamente delicado. Acabado de comer fuimos a tomar café sobre el balcón y hubo abajo danzas nacionales del pueblo, solo hombres, que no ceden en lubricidad a ninguna... y con una especie de castañeta con cascabeles como las que he visto antes. Platón me rogó que nos viésemos y ofreció carta para Troitza. Muy bien.

Hice una visita a la señora Lascarov, que está muy arrogante en su traje griego y no sería mala moza; le hablé de su hermana en Constantinopla. Me fui a casa del conde de Cheremetief para ver su gabinete de Historia Natural que me aguardaba. Efectivamente, la casa no es cosa... mas un cuadro en que se representa Pablo I conducido por la prudencia, tamaño natural, es interesante. Luego pasamos a dicho gabinete que es poquísima cosa, mas una perla cogida en Kuskovo, de un color excelente y muy perfecta, es cosa singular. Están allí también las conchas de donde salió, con otras de la misma especie en que se han encontrado otras, mas no de buen color. Son cenicientas. Tiene asimismo una biblioteca que contendrá 12.000 volúmenes y no lo parece y una pequeña colección de estampas.

De aquí pasé a casa del príncipe Gortchakov, que es sujeto muy atento. Tomé té y hubo baile de toda la familia y parientes jóvenes que aprenden a danzar con su maestro francés tan petulante... En sabiendo bailar bien, creen estas gentes que ya sus hijos están bien educados, no necesitan más. El carácter y no la instrucción, como me decía la señora Kamensky, era lo que ella quería para los suyos. Como si el uno pudiese formarse sin adquirir el otro. A casa a leer un ensayo sobre el comercio de Rusia.

22 de mayo
Temprano fuimos a los archivos en que se guardan todos los documentos más interesantes y memorables de la monarquía. Los dos directores vinieron acompañándome y tenían ya todo prevenido, pues estaban advertidos por el general gobernador. Pasamos primero a una sala en que está la Biblioteca de Müller —que es quien arregló este departamento como historiógrafo de Rusia— que compró la emperatriz y contiene 6.000 volúmenes relativos a la historia de Rusia.

Luego a varios otros apartamentos en que están divididos por naciones los papeles diversos que allí se contienen y comienzan sus datas desde el año 1263. Se conoce que han estado abandonados y muy mal conservados como aún se ven muchos que lo están actualmente. De aquí pasamos a otro mejor apartamento en que, en mejor orden y más bien conservados, están los diversos tratados y estipulaciones con potencias extranjeras en sus originales. Vi un tratado con Maximiliano en que le da el título de emperador y que sirvió a Pedro para fundar o apoyar su pretensión con toda la Europa. Me dieron la copia adjunta en ruso.

Tratados sobre comercio, etc., con la China, escritos en un papel sumamente fino y que se conserva como si fuese hecho ayer, mucho más durable, que el mejor pergamino o vitela. Ídem con la India, Persia, etc. Una carta de Enrique IV, de Francia, en que recomienda al zar un comerciante flamenco y también a un médico que está aquí, para que le permita pasar por cierto tiempo a Francia y que si gusta, le enviará otro bueno que esté cerca de su persona... Qué bondad y prueba de su amor por todos los hombres, rasgo en mi opinión que vale más que todo el panegírico de Plinio a Trajano..., firmaba Henri. Otra de María de Inglaterra y Felipe II de España. Otra de Elizabeth de Inglaterra firmada Elizabeta. Otra de Ana de Austria, regente de España, firmada «Yo, la reina». Otra de Carlos I de Inglaterra y con mil doraduras y adornos de pintura en el papel por la circunferencia. Y varios últimos tratados de paz en sus mismísimos originales, con la Suecia, Prusia, Dinamarca, Polonia, Turquía, China, Persia, etc., con otros varios documentos muy antiguos, de la reunión de Nóvgorod, en que hay hasta once sellos y en ellos estampaban, en lugar de armas, las imágenes de santos y ángeles. Unos libros de corteza de árboles o papirus, en que los pueblos de Kamchatka conservan el registro del tributo que pagan al zar, cosa muy curiosa.

Más interesante, sobre todo, las cartas, borradores y memorándums, de la propia mano de Pedro I, que en trece volúmenes se conservan aquí y dan más justa idea del método, gobierno, intención y carácter de este gran hombre, que cuanto la historia nos refiere. Una carta en que pide al *menher* admiral —Apraxin, supongo— que le envíe aquel atlas forrado de verde en que solían mirar muchas veces. Otra en que le pide le envíe aquel cirujano que quería sacarle una muela. Otra al mismo, dándole aviso de las tropas suecas que le dicen en Polonia y las rusas que se deben juntar cerca de Riga para oponérselas y Dios dará la victoria. Otra ídem, en que le carga un bastón, cuyo puño dibuja él mismo al pie de la carta y debe tener la cabeza de una esmeralda, un cerco de diamantes alrededor y sus armas por defuera, dejando lugar para las de Mentchikov —su procurador general— a quien se intenta dicho regalo; mas recomienda que el valor no exceda 3 a 4.000 rublos —compárese con los que yo he visto en Kiev— y concluye con decirle que le haga el favor de dar sus expresiones a su hermana —de Apraxin— y todos los parientes. Qué modo tan diverso al de los nuestros.

Un memorándum que contiene nueve artículos: I.º escribir una carta a un rey; 2.º dar aviso a Marlborough y a los holandeses de la conducta del rey de Suecia con Patkul; 3.º enviar cierta cosa al rey de Dinamarca; 4.º dar respuesta a un comandante, etc., por donde se ve con qué estricto método despachaba sus negocios. Ya era muy tarde y así hube de retirarme de aquella gustosísima e instructiva ocupación, prometiéndome el volver otro día.

* * *

De aquí pasé a la manufactura de tafetanes, brocados y sedería de Babuchkin, que el capataz me enseñó con muy buena atención y por cierto que está muy bien; menos el diseño que no vale un cuerno y en mi concepto es el defecto prevalente de estas manufacturas... las sedas me dicen que las traen de Persia, Grecia y aún de Italia. Los pañuelos para que lleven las mujeres en la cabeza son muy buenos y ligeros. A la Torre Soujareba Bachna (Pan de Azúcar) o Torre del Almirantazgo, porque allí está esa oficina. Está situada sobre un paraje elevado y sobresale por encima de los demás edificios de la ciudad; mas como no se puede subir sino hasta sobre el techo de la casa que forma como la base del pan, porque para montar más arriba no hay escala, las vistas no son tan extensas como esperaba. Mas son buenas, sin embargo. Hay aquí igualmente un gimnasio o escuela, fundada por Pedro I para enseñar a leer, escribir y aritmética a cincuenta niños, hijos de soldados, mas está descuidada en el día. A la manufactura de Kollosov, también en seda y aún mejor que la antecedente. Me informó el amo que emplea en ella 180 hombres y hace 50.000 *archines* de género por año. A casa fatigado.

Por la tarde, con el favor del general que me franquea todo, fui a ver un convento de mujeres: Dievitch-Monastir, o convento de doncellas. La abadesa nos envió una monja que nos hizo ver todo. Primero fuimos a la habitación que sirvió de encierro o morada a la célebre y hermosísima princesa Sofía, hermana de Pedro I... son pasables. A la iglesia donde está su sepulcro y asimismo el de dos o tres princesas más. Luego a ver las celdas interiores en que viven las monjas, cosa muy pobre y reducida y aun puerca. Después, con su permiso, a la habitación de la abadesa retirada, señora de Kropotov, de una familia distinguida, que con suma política nos recibió y franqueó toda la celda para que viésemos hasta los menores apartamentos, camas, etc. y me dio por guía una muchacha de dieciséis años que hablaba el francés muy bien y era, a la verdad, asunto de tentación. Ella me decía que no veía la hora de salir de allí y que solo el agradecimiento hacia la abadesa que la había criado, la retenía. Tuvimos un rato de conversación con la señora de Kropotov y nos despedimos. Luego a la torre, que comanda vistas hermosísimas —nuestra monja nos acompañaba y seguro que tuve mis tentaciones de chap— y se descubren las casas de campo de Dolgoruky y Demidov, muy bien situadas en una colina inmediata. Esta torre es, por sus proporciones, la más hermosa de todas; su forma, rotonda y dividida en seis cuerpos que posan uno encima de otro en disminución. El material es ladrillo y su remate...

Nos despedimos de nuestra buena monja y fuimos a la manufactura de Miliutin en sedas, brocados, etc. Fuimos después al almacén en que tuvimos lugar de examinar dichas manufacturas despacio y me parecen seguramente mejores y de mejor gusto que las otras, la de Lazarov excepto. Me informó que empleaba 300 personas al año y fabricaba más de 60.000 *archines* de género, que, a no considerar más que medio rublo de ganancia por *archine*, son 30.000 rublos de renta y así se ve qué casa y arreos tiene el dueño.

De aquí pasamos al gran baño de hombres y mujeres que está sobre el río Moscú. Entramos primero en el de los hombres, en que había un sinnúmero desnudos que se bañaban sin el menor rubor. Por una puerta que cae a éste y un pequeño tinglado divide, pasamos al de las mujeres en que éstas, enteramente desnudas, se paseaban pasando de la pieza en que se desnudan al sudadero, al patio, para lavarse con jabón, etc. De modo que estuvimos viéndolas por más de una hora y ellas, sin cuidarse, proseguían su operación de lavarse, ya abriendo las piernas y estregándose el coño, etc. En fin, por una multitud de desnudos, en que ni uno bandaba, pasé afuera y repasando por la calle la puerta del de las mujeres, las veía desde allí muy bien y así entré de nuevo, sin que las cobradoras que estaban a la puerta me hiciesen el menor reparo. Las preñadas parecían disformes con sus barrigas desnudas y a la verdad que en este gran conjunto de originales, en que había de todas edades y formas, no pude descubrir aún la mayor similitud con la Venus de Médicis... Concurrirán a este baño más de 2.000 personas, particularmente los sábados y cada una paga solo 2 kopeks; sin embargo me aseguran que el propietario hace dinero. De aquí pasamos por la parte de afuera para ver las que después descienden al río del propio baño y vimos infinitas sin el menor rubor. Otras, aunque estaban por defuera y se lavaban su c... nos decían en ruso: «verás, mas no tocarás». Los hombres allí están casi mezclados con las mujeres, pues no hay sino una vara que marca la división del río. ¡Oh, Dios, aquí vi una bonita muchacha con todo el trasero acardenalado y negro de los palos o látigos que su amo le había dado porque rompió un vaso tal vez, o cualquiera otra friolera! ¡Qué diversas costumbres y modo de pensar! En los lugares aún subsiste la costumbre de bañarse hombres y mujeres juntos y esta emperatriz es la primera que ha procurado separarlos por la decencia.

De aquí pasamos a ver bailar los gitanos que bailan la danza rusa con suma voluptuosidad y había una moza muy bien parecida, a quien propuse el que viniese a mi casa y me respondió que por ella con sumo gusto, mas que el viejo no la dejaba de vista, etc. Entramos después en un burdel de pu... que hay inmediato; allí, por un rublo, chapé una buena. A casa.

23 de mayo
A las siete de la mañana partimos a ver el Palacio Imperial de Kalomenskoie, donde debe alojar ahora la emperatriz y en que nació el Gran Pedro I. Está a 7 verstas de aquí. Llegamos a las ocho y nos enseñó el custodio todo. Es de madera y en el primer piso aloja la emperatriz, los pequeños duques y el príncipe Potemkin. Arriba, Mamonov, embajadores, damas Branitzka, Skavronsky, etc.; estarán estrechos. Subí a un pequeño belvedere que está en el tope y la vista no es cosa muy particular en comparación con las que hay por aquí.

Abajo vi un modelo de cómo estaba este palacio antes y es, con poca diferencia, en el gusto del Kremlin. Una pilastra de 3 o 4 pies de altura, en que ponía sus memoriales el pueblo y después eran recogidos por los secretarios del zar, existe allí aún. Unos lacayos de la emperatriz que entraron a examinar las piezas, anunciaban toda la insolencia que dicho rango, por lo común, da a la canalla que lo ejerce. De aquí pasamos a la iglesia que aún es la antigua y muy poca cosa por cierto. En ella se observa una pequeña tribuna en que el zar y su familia asistían a la misa, etc., en el tono de sencillez que prevalecía entonces.

De vuelta estuve a visitar la prisión de esta ciudad, que se llama de Kaluga, en que están todos los prisioneros del gobierno en número de 267, hombres y mujeres con sus divisiones respectivas, todo en madera. Y hay su separación para las gentes decentes; los enfermos se curan allí mismo, en una especie de hospital. El todo está pasablemente aseado y los presos no tan miserables como en otras partes, según parece. Aquí se da el knut y se remiten los criminales a sus destinos de Siberia, etc. Hay constantemente aquí dos oficiales de policía y dos de infantería, con una guardia de cuarenta y cinco hombres para la seguridad, etc.

Vine a casa a vestirme y a las doce y media fui a comer a la mejor posada rusa —la de Pastujov— para juzgar de la manera nacional. Los criados estaban vestidos con camisas de color: azules, encarnadas, con gran decencia... Pedimos nuestra comida en un cuarto separado para dos y observamos que en el principal había una mesa muy decente con cinco cubiertos para el embajador de Roma que decían venía a comer. Me hice informar y hallé que el embajador dicho era yo mismo, pues el general, oyendo que yo iba a comer, previno que tuviesen un cuarto decente. En fin, convidé a un oficial que había allí y los tres nos fuimos a la mesa que estuvo muy bien servida en el gusto ruso, comenzando por pescado, cuyo plato lo componen mejor que nosotros; caviar muy rico; *kichlesti*, hidromiel y cerveza fueron las bebidas —ningún vino— y al fin me sirvieron helados y café extra. El precio es un rublo por cabeza; yo pagué 5 por los tres y ellos quedaron contentísimos del señor embajador. Me fui a casa a reposar un poco y mi compañero, el señor Mey, a la suya con una gran jaqueca.

A las cinco PM tomé el coche y pasé por casa del compañero que continúa algo enfermo. De aquí me fui a casa del arzobispo Platón, a quien encontré en su jardín como un verdadero filósofo... inter silvas. Aquí politicamos y filosofamos con una libertad que rarísimamente se encuentra sino en los hombres de letras y virtuosos. Sus ministros, me decía —por la emperatriz— la engañan y ella a su turno, los engaña a todos. En esto llegó un hombre de buen modo que solicitaba entrase su hija en un convento, pues ella lo deseaba vivamente. El arzobispo se oponía por varias razones y entre otras, porque aún no tenía más que veintitrés años. Mas el buen hombre le argüía con la Biblia que era un prodigio y así duró el argumento largo tiempo; al fin, hubo de retirarse con pocas esperanzas.

Vino allí también un archimandrita del monte Athos, que recoge aquí limosna, para que se le prolongase el tiempo de la recolección que le había dado el Sínodo, mas el arzobispo le dijo que él no podía, pues este asunto pertenecía al Sínodo. Este señor eclesiástico, al decirle Platón que yo era antípoda, respondió que esto era enigma, pues cómo podía ser tal cosa. Para que se vea el estado de la literatura hoy en aquellos países que en otros tiempos brotaron todas las ciencias. Platón me informó que el número de monjes de todo el imperio, en el día, llegaría a 2.000, pues aunque el Sínodo los había fijado en 3.600, las deficiencias eran infinitas y que aún quería el gobierno reformar veinticinco conventos —creo me dijo— que ellos querían conservar con su propia industria, sin que se les diese un ochavo para ello, ni renta alguna. En fin paseamos solos largo rato, en cuyo tiempo me manifestó que la tolerancia era menester fuese absoluta, pues ¿cómo podía combinarse el que al mismo tiempo que se permitía criticar todos los dogmas, se prohibiese censurar un ukase, o al menos fuera peligroso hacerlo?

De aquí pasamos a su casa y en el balcón que cae al jardín continuamos —bebiendo té, horchata, etc.—, nuestra conversación literaria y él da la preferencia a los historiadores romanos sobre los griegos y aun a los poetas. Me decía que Cicerón no le parecía tan gran orador, ni tampoco Demóstenes y que Plinio el Menor, le parecía mejor en este punto, etc. Véase el gusto. Me enseñó varios pectorales y joyas de la mitra, de sumo valor y algunas de gusto y entre otras una ágata que representa una imagen de Jesucristo crucificado y una persona en hábito monástico postrada delante, en acto de orar, una y otra perfectísima, de modo que es cosa muy particular y digna de verse. Plinio refiere un caso semejante de otra ágata, que representaba Apolo y las Musas.

Me dio una carta para su vicario en el monasterio de Troitza y yo partí a las once, con ánimo de partir de madrugada. Mas pasé por casa del compañero, señor Mey y estaba malo, con que diferí el viaje para el día después.

24 de mayo
Temprano me levanté, pasé por casa de Korsakov; dormía aún, eran sin embargo las nueve y media. Casa del señor de La Rosière, que hacía lo mismo; mas le hice despertar y quedamos en ir por la tarde a casa del conde Panin, a su casa de campo de Misalkova. A ver una iglesia que extramuros se construye y me decía Platón que era mejor que la mezquita de Santa Sofía, mas no es así, aunque en la forma quiso ser una imperfecta y pequeñísima imitación de aquella. Es, sin embargo, su forma mejor que la general y su pórtico, o peristilo en buen gusto.

Luego a ver una fábrica de medias que se decía la mejor y no vale nada. Su dueño, un afectado francés, aunque ruso, me decía que la había establecido solamente «*pour son plaisir!*». A la de paños, que fue la primera que estableció Pedro el Grande, para vestir su ejército y el edificio es magnífico, sobre el río y junto al puente antiguo de piedra. Trabajan en el día 300 personas que ganan sus salarios en los términos siguientes: 25 rublos anuales los que tejen; y los que cardan, hilan, etc., 12 rublos, esto es de 5 a 10 kopeks diarios. Y vea usted cómo pueden dar a rublo y medio la *archine* de su mejor paño, que a la verdad no es malo; las lanas no son buenas y de aquí resulta el que no son mejores. El buen director me informó de todo con mucha civilidad y me habló de nuestras manufacturas en Segovia, etc.

A las tres de la tarde vino el señor de La Rosière y a las cuatro partimos a Misalkova —7 verstas de aquí— donde llegamos a las cinco. Encontré al conde Panin en su galería, con una dama que le acompañaba y le leía actualmente. Me recibió con suma civilidad. Tomamos té y hablamos de viajes y de la guerra, en cuya profesión está instruido. Me propuso dar un paseo por el jardín y nos acompañó la señora Bodé, que es su querida, viuda y nativa de Berlin. Realmente que el jardín está dispuesto con gusto y goza de hermosísimas vistas. Me gusta más que el conde Cheremetief. Volvimos a nuestra galería en erudita conversación que la dama de Berlín sostenía grandemente y el conde insistió en que le había de dar palabra de venir a comer con él un día al menos, antes de partir. Así se lo ofrecí y me retiré a las nueve y media, para partir a Troitza a las once, pues me aguardaba con caballos, etc., mi compañero el señor Mey, en casa.

25 de mayo
A medianoche partimos con una Luna hermosísima y cuatro caballos de posta, para Troitza. A eso de las cuatro y media llegamos a un lugar a 35 verstas de Moscú, donde cambiamos caballos después de aguardar largo rato. Seguimos otras 30 verstas más y llegamos a dicho lugar y monasterio de la Santísima Trinidad por un camino pasable, a eso de las nueve de la mañana. Nos apeamos en la casa destinada para huéspedes que está fuera y no vale nada y entramos a pie en dicho monasterio que como los demás del país está circuido de muros altos, almenas, torres y aparatos de defensa, siendo éste el paraje donde Pedro el Grande se salvó de la conspiración de los *strelitz* y así se conserva allí aún el hacha con que dentro del convento mismo fueron decapitados los jefes del motín.

Envié mi carta al vicario que estaba en la iglesia y en el ínterin nos fuimos a la torre de la iglesia que es bastante elevada y comanda hermosas vistas. Al bajar encontramos en el primer piso nuestro vicario, que con suma política vino a obsequiarnos. Nos hizo sonar la campana mayor que pesa 4.000 pouds y dos otras más pequeñas que tienen mejor sonido. Luego a la biblioteca, que está en el primer cuerpo de la torre y contiene cuatro mil volúmenes; están casi todos los antiguos Padres de la Iglesia. A la Aguiasma o fuente de San Sergio, que es el fundador de este convento, lo mejor que hay allí, hermosísima agua y buena arquitectura. A diferentes capillas e iglesias en número de siete, con infinitas reliquias, cuerpos de santos, etc., que procuran la principal renta del día. Al refectorio, que es una gran pieza pintada toda al fresco, así, así, en el gusto griego de ahora y en el remate hay una buena capilla y un cuadro al fresco de Transfiguración que se distingue entre los demás.

Al Palacio Imperial, edificado por el padre de Pedro I y que no vale cosa. A la ropería y tesoro de las prendas y vasos sagrados de la iglesia, por el gusto de las de Moscú. Se observa una mitra que ha costado 30.000 rublos; la de la Catedral de Moscú costó 60.000... El valor de todo se juzga ascenderá a un millón y medio de rublos y las cosas aquí están mejor preservadas y dispuestas en este tesoro que en el de Moscú. Al Palacio o alojamiento del Archimandrita o Abad, en mejor gusto que el antecedente y con una hermosa azotea o galería que da sobre la muralla y comanda una vista hermosísima.

De aquí pasamos al cuarto del señor vicario Melquisedec, que así se llama, donde reposamos un poco, tomamos una *shalla* y proseguimos. Al colegio de seminaristas, instituido por la emperatriz actual. El refectorio muy puerco. Las clases de filosofía —de Wolfio— teología, latín, griego, alemán, francés, hebreo, geografía y aritmética están bastante aseadas y asimismo los alojamientos de los profesores, mas el de los estudiantes no pude verlo, cochino naturalmente y por eso se excusaron. El número de estos consiste actualmente en 180 y pueden recibirse hasta 260, alojados, vestidos, nutridos y educados gratis por el soberano, que tiene asignada la suma de 4.000 rublos anuales para ello y no hay duda que mientras menos haya más utilidad queda al convento. El objeto primario es formar eclesiásticos instruidos. Visitamos últimamente las celdas de los monjes que son bastante pobres; unas puercas, otras aseadas.

Hay actualmente en este monasterio ochenta y cinco monjes y había antes 700, cuando tenían 125.000 paisanos o esclavos, mas esto está reducido en el día a solo 6.000 paisanos, 2.000 rublos de renta y 15 rublos por cada monje al año. Las limosnas producen sin embargo más, pues me informó el vicario que llegarán de 9.000 a 10.000 rublos anuales. Este monasterio es aún célebre en la historia, porque en tiempo que los poloneses se ampararon de toda la Rusia y de Moscú, no pudieron someter este convento que se mantuvo contra los esfuerzos de Sapieha, etc.

Comimos con el vicario en el gusto religioso, pescado y aceite, más buen hidromiel y cerveza y yo me retiré a reposar hasta las cuatro, pues no había dormido la noche antecedente. Vino el vicario en su coche y pasamos juntos a la ermita del arzobispo Platón, pequeña casa de campo llamada Betania, por la patria de Lázaro, situada a 2 verstas de aquí, en un sitio agradable. Tiene su pequeña iglesia que forma dos de invierno y verano, figurando una roca. Los apartamentos de la casa, aunque pequeños, son aseados y en la sala tiene cuatro grabados excelentes de la sala de Rafael en el Vaticano en que está la Escuela de Atenas, el Parnaso, Milagro de la Eucaristía, etc.

Y a las cinco y media nos despedimos de este buen vicario y tomamos nuestro coche y nos pusimos de vuelta por el mismo camino, pues no hay otro, para ir al monasterio de la Nueva Jerusalén. A las dos de la mañana —y era ya de día claro— llegamos a Moscú y tomé la cama a deseo.

26 de mayo
A las diez y media AM partimos y por un camino agradable, aunque no muy bueno, seguimos nuestra ruta hacia dicho convento. ¡Válgame Dios y qué hermosísimas perspectivas se encuentran por aquí del país!... ¡uno seguramente de los más hermosos que ha formado la naturaleza, pues el arte le ha ayudado muy poco o casi nada! Pasamos las casas de campo del príncipe de Georgia, en Zezuatska, a 7 verstas de Moscú; la del conde de Tchernichev, en Aninskoy, a 15 verstas puede ser y la de Narischkin a...

A las 25 verstas cambiamos caballos en un lugar donde nos detuvimos más de una hora, ínterin traían los caballos que estaban en el campo. Y me entretuve en examinar sus habitaciones y manufacturas de lienzo basto, medias, etc., de estos pobres esclavos, cuya suerte miserable no parece mejor aquí, que en mayor distancia. Ni un pequeño jardín siquiera, cuyas producciones se podrían vender muy bien en la capital, ni un amo que tenga la idea de fomentarles, perfeccionar sus manufacturas, la agricultura, etc. y de este modo enseñarles a ganar una competente subsistencia. Establecer una escuela para la educación de sus hijos y lograr así la más dulce de todas las satisfacciones, contribuir a la felicidad pública ejerciendo la virtud, cuyo ejemplo produciría tal vez un bien general. Mas observo, por el contrario, que tanto cuanto más inmediato está el lugar de la casa del señor, más miserable parece el pueblo. Mas, ¿cómo puede ser esto de otro modo, cuando hace quince días el príncipe Volkonsky ganó aquí 50.000 rublos al señor Urusov a los naipes en una noche, quien pagó la dicha suma la mañana siguiente? En fin, vinieron los caballos pasado un fuerte aguacero que no dejó de empeorar el camino y así no llegamos hasta las cuatro y media a dicho monasterio de la Nueva Jerusalén de Vons Kresenska, 20 verstas más adelante y 45 de Moscú. Nos dirigimos a la iglesia, donde estaba el archimandrita Apolos —para quien traía carta también del arzobispo Platón— el cual vino a mí inmediatamente, con suma atención y emprendimos nuestro examen.

La iglesia fue comenzada el año de 1656 por Nicón, patriarca de Rusia y concluida por el arzobispo Ambrosio —el asesinado— el de 1759, en el reinado de la emperatriz Elizabeth, en imitación y exacta copia, según ellos dicen, de la que está en Jerusalén. La rotonda en que está el Santo Sepulcro es una hermosa pieza y no destituida de mérito su arquitectura y proporciones, aunque de una forma singular. La cúpula es un cono truncado con cinco órdenes de ventanas —el número es 120— que le dan una infinita luz que casi deslumbra, pintada toda al fresco, con tres galerías que giran alrededor. Las paseamos todas en distintas ocasiones y con gusto, por el contento que resulta. La parte superior es de madera, pues la obra primera en piedra se arruinó, prueba de los malos principios de la construcción. Su diámetro es de 108 pies o 18 *sajenes*. En el medio está un tabernáculo de buena arquitectura que contiene el Santo Sepulcro en la misma forma en que fue hallado, con una lápida que cerraba la entrada sin inscripción alguna. Más adelante sigue la pieza del altar mayor de la iglesia en el modo griego y tiene una cúpula elevada con una galería alrededor. Detrás de dicho altar está el coro en forma semicircular, con siete órdenes de asientos en forma anfiteatral y columnas alrededor, en medio de las cuales, al centro, está la silla patriarcal y en los intercolumnios hay lugar para seis más que se pretende era el lugar de los demás patriarcas.

Luego pasamos a la iglesia subterránea en que está la capilla en forma de cisterna, donde Santa Elena encontró la cruz en que fue crucificado Jesucristo; habla aquí un pozo antes y lo han cerrado por la humedad. Al Tesoro después, que está en una pieza muy clara y bien conservado, con el mayor aseo. Consiste en vestidos riquísimos decorados con perlas y vasos sagrados, por el valor, según me informaron, de 200.000 rublos. Aquí se ven diferentes volúmenes de la liturgia griega, firmados del puño de la emperatriz actual en tiempo que era gran duquesa y regaló a este convento. Al sepulcro del Patriarca Nicón, que fue el fundador.

A la Capilla de Gólgota —porque así se llamaba la montaña en que dicha cruz se encontró— donde se ve la forma de la cruz en cuestión, hecha de dos tablas gruesas y no palos redondos como los romanos dicen y al pie un pedazo de mármol que se figura roto del temblor que siguió a la expiración y estos monjes enseñan con un misterio singular.

A la Torre, de donde se goza de tal cual vista y no se puede subir más que hasta el primer cuerpo. A la Biblioteca en que habrá 400 volúmenes y como 300 de M. S., mas no pude saber qué contenían. Hay un pequeño cuarto oscuro en que estuvo preso Jesucristo y una imagen de éste en grandor natural, mas cubierta con un lienzo toda, pues según el dogma griego, éste es un ídolo, digo yo... De aquí pasamos a la habitación de dicho Apolos, que está muy decente y éste nos dio un muy buen vaso de vino de Hungría, con que continuamos nuestro paseo. Al refectorio que es grande y hay allí una iglesia para el invierno con estufas. Al alojamiento que tienen para huéspedes, muy cómodo y decente, por cierto. Luego pasamos a una hermosa logia con balcón que cae al jardín y aquí tuvimos nuestro refresco de naranjas.

Después seguimos todos los muros alrededor que tienen una versta de extensión. Sobre la puerta principal está una pequeña iglesia en un torreón cuadrado, que llaman la entrada a Jerusalén. Otra de las torres que está en un ángulo tiene dos galerías que comandan una buena vista y de aquí se ven las alturas o montezuelos que aquí han confirmado con los nombres hebreos de Tabor, Eleón, Ayermon y Gólgota, esto es, calvario.

Descendimos al jardín o bosque en que está la ermita del Patriarca Nicón. Esta es una pequeñísima casa con pequeñísimos cuartos en que se pretende vivió este anacoreta y realmente que siendo él como su retrato lo representa, corpulento, era preciso que estuviera aquí dentro sin moverse; mas estaría sin frío por la buena disposición de la estufa.

De aquí dimos un paseo por la orilla del riachuelo Istra, que corre por aquella selva y contribuye a su mayor amenidad. La emperatriz, me dicen, estuvo aquí por tres días paseando este sitio verdaderamente solitario y ameno. Volvimos al convento y visitamos las celdas de varios monjes que, aunque buenas y cómodas —mejores que las del monasterio de la Santísima Trinidad— están puercas. Al Palacio antiguo, hecho por el zar padre de Pedro I y no vale cosa. Luego a la habitación de nuestro buen y político Archimandrita, que nos dio muy buen té y yo escribí mis observaciones. Me informó que había actualmente cuarenta monjes y tienen por toda renta 4.000 rublos, que apenas bastan para mantener los edificios y así se ve que van en decadencia, pues como no tienen grandes reliquias, la limosna apenas llegará a 400 rublos anuales. Antes había hasta 700 monjes que tenían 25.000 paisanos suyos.

Me despedí con mucho agradecimiento de este atentísimo fraile y tomé mi coche para volverme a las ocho y media. Me regaló una perspectiva impresa de dicho convento. Los caballos resultaron cansados. Tomamos otros en el camino y los de Posta que dejamos encargados esta mañana, los encontramos prontos y buenos, con que arribamos a Moscú a las dos y media de la mañana, de día claro y tomé mi cama con sumo gusto, mas sin haber comido cosa alguna en todo el día, cosa que no sucede sino en Rusia.

27 de mayo
Vino mi compañero después de las nueve, anunciándome que hoy era día de Corpus y que era necesario ir a ver esta gran función en la iglesia católica, etc. Me vestí y fuimos, efectivamente, a eso de las once. Numerosa congregación y muchos rusos que por curiosidad mas respetuosamente, asistieron. Había en el patio sus calles formadas de ramos y dos altares para la procesión. ¡Cuánto tiempo hace que no veía semejantes ceremonias! A hacer visita al señor Bougarelli y luego a casa.

A las cuatro tomé el coche con el señor Mey y fuimos a ver la sala de Coronación que está en el Kremlin. Es bien grande, magnífica y forma un cuadrado; mas un pilar que tiene en el medio para sostener el techo, que su arquitecto no supo sostener de otro modo, le quita la gracia y disminuye su magnitud a la vista. Hay un rico dosel con un retrato de la emperatriz actual coronada debajo y en ángulo, tribuna para músicos. A las salas del Senado, que están allí inmediato y es el sitio donde este forma sus asambleas, despacho, etc., a menudo. Nada tiene que notar.

De aquí pasé a hacer una segunda visita a la Casa de Expósitos, mas no hallé su director, señor Goguel, en casa; quise entrar en un pequeño teatro que noté tenía dicha casa, mas no hubo quien lo abriese y así pasé a un edificio vasto que hay inmediato perteneciente a la propia casa, en que encontré manufacturas de medias, de naipes, de relojería, ejercidas y en beneficio todas de los mismos sujetos que se crían en el instituto éste... El aparato y disposición de ellas me pareció magnífico, mas los artífices y las manufacturas muy poca cosa.

En casa de mi arzobispo, a quien encontré aún *inter silvas* solo. Emprendimos nuestra conversación y me confesó que estaba disgustadísimo del empleo y del despotismo del país. Que quería soltar el primero y en cuanto al segundo me decía que un esclavo no tiene recurso ni puede quejarse contra su amo y que la ley autoriza a éste para que le haga dar el knut, que es la máxima pena y que la justicia debe ejecutar sin más examen. Pobre humanidad. Me contaba varias interesantes anécdotas de la Corte, en que ha vivido largo tiempo y define el carácter del príncipe Potemkin muy bien, colocándolo siempre en los extremos... de la mayor altivez a la mayor condescendencia; de los más ricos trajes a los más vulgares; de la comida más exquisita a la más ordinaria; del carruaje y aparato más suntuoso al más sencillo y común, etc. A las once me retiré y le ofrecí otra visita antes de partir.

28 de mayo
En casa por la mañana y a las cuatro de la tarde partía Kuskovo para hacer otra visita al conde de Cheremetief en pago de sus atentísimas expresiones y finezas. Estuvimos un rato en sociedad, tomamos té y después fui aún a dar un paseo por el jardín con el señor de Lautitz, por parajes que no estuvimos la tarde antes. A la Casa de la Caza, donde tiene más de 160 perros hermosos y el edificio es bonito, en el buen gusto gótico. Al parque, en que observamos muchos ciervos y la mayor parte, venados pintados de América. Entramos en el corral en que tiene como unos 30 lobos de Siberia, etc. y entre ellos hay uno nacido aquí en este paraje, pintado de blanco y negruzco coloraduzco, como

un perro, cosa muy singular... y éste es, justamente, el más feroz de todos los que allí hay, que no son zorras, por cierto.

Hay en otro corral cochinos de la China, que son muy feos, por cierto, pues los pies traseros son más cortos que los delanteros y así forman una ridícula forma, particularmente cuando comen. Al pabellón que está en el centro de dicho parque, forma rotonda, orden Dórico y en mi concepto una buena composición y la mejor de cuantos edificios contiene dicho jardín. Alcanzamos a ver una liebre de angora, que tiene el pelo sumamente largo y fino y son mucho mayores que las de Europa.

A casa del buen viejo, que me ha cobrado sumo cariño y me enseñó una carta que acababa de recibir de la emperatriz, fechada en Kherson el 16 del presente; para el arribo de Su Majestad aquí hace construir una puerta triunfal y un hermoso teatro de madera. Estaba con sus dos hijas e hijo pequeños —estos son naturales, habidos en una criada suya, mas legitimados ya por la Soberana—, la señora Godin, el aya y el señor Bouilli, el ayo, en cuya compañía nos pusimos a cenar. Durante la cena me informó este buen viejo de varias cosas sumamente interesantes relativas a la vida de Pedro I. Una, que cuando se resolvió a la batalla de Poltava —que dio, dice, porque ya estaba harto de la guerra— dijo a su padre, el conde de Cheremetief, que era el general en jefe: «Te ordeno que des la batalla, mas te suplico ahorres la sangre de mis gentes». ¡Ah, expresión verdaderamente digna! Otra: cuando murió Carlos y él, con impaciencia, quería concluir la paz con la Suecia a todo coste, para ir en busca del imperio de Darío, como Alejandro, sacó su lápiz y tirando una línea sobre el mapa, dijo al canciller de Ostermann que hiciese pronto la paz. Este, con su dedo borró inmediatamente dicha línea a lo que, atónito el soberano, el canciller le pidió el lápiz y tiró otra, en que se conservaban Livonia, Estonia, etc., que Pedro quería abandonar por la paz, cuya conducta le abrió los ojos y dio un abrazo a su canciller y gran ministro, sin el cual todo esto se hubiese perdido para la Rusia, al que poco después le quiso cortar la cabeza... Me dijo que Pedro solía decir con sinceridad que la batalla de Narva había hecho perder la cabeza a Carlos y a él, la Poltava. Excelente confesión. En fin, duró nuestra conversación hasta medianoche en que yo me retiré y el conde se despidió dándome mil abrazos y expresiones de cariño, etc.

29 de mayo
A las once vino el señor de La Rosière y fuimos a comer con el conde Panin a su casa de campo de Misalkova. De paso entramos en la del mariscal Razumovski, que está una versta antes. No tiene cosa de particular, aunque buena, ni tampoco el jardín e invernadero. Se ven allí delante varias piezas de artillería en número de más de 20 y no sé qué significación tenga ello, sino que como atamán de cosacos le quepa esta simple prerrogativa.

Llegamos a casa de Panin a la una y media; él se vestía y yo me salí al comedor donde había varias otras gentes del país, que viéndome en mi traje sencillo, no me hicieron caso; mas luego que vino el conde se quedaron suspensos estos tontos vanidosos. Hubo damas extranjeras en la mesa y así la señora Bodé no salió. El joven conde, de dieciséis años de edad, me fue presentado por su padre y también comió con nosotros, igualmente que un ex jesuita, el señor Meré, que está como ayo en la casa y un médico holandés llamado el doctor Ditz, que dicen es hábil en su profesión.

Después de comer, tomamos café y hubo una disertación un poco porfiada en que este doctor pretendía probar que no había verdaderos conocimientos humanos en las ciencias y que estos no contribuían a la felicidad del hombre, si es que los había. El sistema de Pirrón, se conoce, había hecho impresión al doctor, mas no lo había bien comprendido.

Después nos hizo el conde ver muy buenos caballos de sus *haras*, en su picadero y de ellos vendió algunos a 400 y a 500 rublos. Después volvimos a la galería, se unió la erudita señora Bodé, tomamos té y hablamos de la guerra, historia, etc. Yo pedí permiso para ir a dar, antes de que el Sol se pusiese, una vista a las perspectivas hermosas que este jardín ofrece y yo había visto antes. Me acompañó el joven conde y estuvimos en su casino, dispuesto por su difunta madre, que es muy bonito y en el tope tiene un belvedere que goza de excelentes vistas; la ciudad de Moscú se descubre también. De aquí fuimos a un templo rotondo del jardín en que se conservan bustos de mármol de toda la familia. Son descendientes de Lucca, en Italia y su nombre, Panini. El del conde, que fue ministro, es el mejor de todos.

Luego volvimos a emprender nuestra conversación y me ratificó lo que el mariscal de Rumantzov me había dicho, de que en la batalla de Zorendorf, los prusianos, en número creo de 15.000 hombres, atacaron a los rusos a las órdenes de Fermer, que tenía más de 100.000 hombres y que una división entera de estos, consistente en 7.000 hombres que mandó el mismo conde de Panin, quedó reducida a 700 y él, como general, herido. Me contó su sitio y toma de Bender y me decía que Suvorov era su Don Quijote.

En fin, concluida la cena, que eran ya más de las once, me retiré y él me colmó de mil cariños y amistad, como igualmente el conde joven y la señora Bodé, de quien me contó algunas anécdotas interesantes el señor de La Rosière y entre otras que, queriendo, por consideración a su hijo, despedirla el conde enviándole 50.000 rublos, ella se los volvió y se retiraba, etc. Me aseguran que es dueña en el día de más de 100.000.

30 y 31 de mayo
Escribiendo todo el día.

1º de junio
Del mismo modo.

2 de junio
Escribiendo toda la mañana y a las dos a comer con Korsakov, donde encontré al señor de La Rosière. Después me enseñó aquél una carta de su padre siendo comandante de Azov, en que le hace varias preguntas relativas a su empleo al zar Pedro I y éste le satisface juiciosísimamente en la hoja medio llena que está en blanco, de su puño mismo; lo que prueba cuánto método, sistema y actividad tenía en su gobierno y despachos este grande hombre.

A las cuatro fuimos, por favor también del gobernador, a ver los coches de parada que sirven para la coronación de los soberanos, etc. Aquí se ven los que sirvieron a los padres de Pedro I, a los Patriarcas, que interiormente tienen santos y en medio una forma de cruz y todos los soberanos hasta Elizabeth —en número de unos veinte— en cuyo coche se coronó Catalina II y es a la verdad un contraste el más sorprendente que quiera imaginarse en tan corto espacio de tiempo. Es grandísimo y magnífico. El de la emperatriz Ana tiene esculturas de sumo gusto. Mas lo que sobre todo interesa es la calesa o cabriolé de Pedro el Grande, con sus ruedas remendadas y en tal guisa que hoy se avergonzaría uno de ir en ella. En ésta pues, de dos caballos y un palo en la mano —que también se conserva allí— en forma de la clava de Hércules y sin pulir, este grande hombre recorría su imperio y admiraba el universo entero... dando a sus súbditos y a todos el ejemplo mayor y más útil de la sencillez y de la moderación, características siempre de una grande alma y que por desgracia se ha imitado tan poco en esta nación... Qué contraste, realmente, con el gusto actual. Algunos trineos magníficos y entre otros uno cubierto que puede contener doce personas, con su mesa en medio, muy cómodamente y una estufa debajo de la mesa. En éste vino de Petersburgo aquí la emperatriz Elizabeth. También hay allí un gran sombrero ordinario y casco de acero para la cabeza, pertenecientes a Pedro el Grande.

De aquí pasamos a una fiesta de caballos en el gusto inglés que se celebra fuera de la Puerta Roja o arco triunfal que los mercantes de Moscú elevaron a la emperatriz Elizabeth. No valía un diantre y pagamos a 2 rublos por persona. A ver el palacio que era de Le Fort, favorito de Pedro I. Es sumamente vasto y está abandonado en el día porque sirvió de hospital en tiempo de la peste. Al jardín Imperial, que me gusta cada día más y allí politicamos un poco el señor de La Rosière y yo. Después a casa de éste, la primera persona aquí que me ha hecho cenar familiarmente con su familia.

3 de junio
Escribiendo en casa todo el día y a la siete fui al baño ruso público, en que estuve una hora y creí asarme vivo. Un galopín me lavó con un poco de jabón en unos poquísimos lechos de tablas y con unas ramas verdes. Al salir me pusieron un poco de heno, sin almohada ni cubierta y solo con un pedazo de sábana encima para que sudase y me reposara... Parecerse quieren a los bajíos de Constantinopla. Y después no quedó contento el bribón con rubio y medio y 20 kopeks para él.

Di una vista después al baño de hombres en que había infinitos desnudos, como su madre los parió y al de las mujeres en que en gran número y de la misma manera, se lavaban el chocho, paseaban, etc.; dos o tres me parecieron hermosas formas, sin embargo. Me volví a casa y lo pasé escribiendo hasta medianoche.

4 de junio
Escribiendo todo el día sin que aparezca un alma, como si no hubiese traído una letra para nadie.

5 de junio
Temprano me levanté, fui a hacer visitas. Hallé que el coronel Korsakov habla llegado de Kiev, quien me trajo mil expresiones del mariscal Rumantzov y me informó que la emperatriz había partido de Kherson a Táuride con el emperador, el príncipe Potemkin, Mamonov, conde de Cobenzl y señora Branitzka, en un coche de seis asientos. Otro igual para los ministros extranjeros, etc. y el conde de Bezborodko en una berlina a dos asientos, disminuyendo toda su comitiva a esta expresión.

Luego a casa del señor Rowan con quien tuve una buena hora de conversación; me convidó para mañana al campo y concluyó en que ésta era una nación asiática y no otra cosa aún. A casa a comer y por la tarde a hacer algunas visitas... Mi amigo Platón, que lo encontré de marcha para ir a recibir a los jóvenes hijos del gran duque, que deben llegar esta noche a 30 verstas de aquí y así me tomé la dirección para otra parte. Pasé por un baño donde observé muchos hombres y mujeres desnudos y casi todos mezclados, sin que a la vista de tantas Evas, uno siquiera bandase... cosa singularísima. Y así también observé varias mujeres vestidas que habían entrado enmedio de los hombres a hablar de negocios, sin que se observase la menor conmoción o novedad en ellas, ¡jóvenes sin embargo!

Luego a casa de La Rosière. Tomamos té y hablamos de la guerra y del país hasta las nueve y media. Me ha enseñado una carta del conde de Guibert en que éste le dice tiene escrita una *Historia general de la Guerra de 1756*, «*Le morceau le plus singulier de ce siècle*», mas no se atreve a publicarlo, etc. Fuimos a ver una famosa casa de juego aquí casa del mayor Lachinov, donde se junta mucha gente de la nobleza. Efectivamente, hallamos una casa muy decente; numerosa y decente compañía, con más de ocho mesas diversas de Banca y una cena muy buena a que se sentaron los que tuvieron apetito y el dueño de la casa me hizo mil atenciones, nos dio muy buen vino de Hungría, etc. y yo tuve larga conversación con el coronel Koslov, que acaba de llegar de Kherson, contándome las satisfacciones de Korsakov, Mordwinov, etc. A medianoche me retiré a casa.

6 de junio

Tuve aquí esta mañana al señor Rost, que me comunicó la lista adjunta de noticias relativas a esta ciudad, su población, etc., según consta por los documentos que tiene el gobierno. Sin embargo, encuentro que no están todos de acuerdo en cuanto a su población, pues el arzobispo Platón me dice que será de 250 a 300.000 individuos y los otros no le hacen ascender más que a 200.000. El medio proporcional será tal vez el más aproximante a la verdad. Es la ciudad de una grandísima extensión. No he podido conseguir un plano, sin embargo; mas qué importa, si hay vacíos en el medio que hacen dudar muchas veces si uno está en la ciudad o en el campo. Las calles Novaya-Basmania —el nuevo Basman— en que los edificios están muy compactos y Tverskaia —calle de Tver— son hermosas, seguramente.

He estado a comer con los dos Korsakov y allí tuve ocasión de conocer dos oficiales rusos llamados Rakmanov, ambos generales-mayores y hermanos. Tuvimos muy larga e interesante conversación que duró hasta las nueve PM que nos fuimos al Vaux-Hall y me parecen sujetos de muy buen juicio, bello modo y buena instrucción. En el Vaux-Hall hubo baile y mucho concurso de damas muy bien parecidas, que duró hasta medianoche que nos retiramos a casa. Hace hoy un frío de llevar pelliza y así he observado que varias gentes del pueblo la llevan efectivamente, cuando hace dos días que hacía bastante calor.

7 de junio

Vino el coronel Korsakov a las diez y estuvimos en larga conversación por más de una hora. Después el señor Mey, a quien he dicho que el bribón que es su recomendado, porque no le entregué ayer cuanto dinero pedía para una composición que se le prohibió hiciese, a escondidas sacó el carruaje de la cochera y se lo llevó. Después de comer vino La Rosière, con quien tuve larga conversación; también el señor Rost a quien encargué mi carruaje, que aún no aparece y quiero partir mañana sin falta. Envié mi lacayo ruso con puntualidad y dicho amigo me envió cartas para varios comerciantes ingleses en Petersburgo.

Mi criado Carlos, que de mala gana sigue el camino, sin embargo de que está ajustado hasta Petersburgo, me impacientó de manera que le di un rempujón y de aquí tomó pretexto para esconderse en la casa, haciendo semblante de que se había escapado. Le descubro en un cuarto y le mando que salga; no me obedece y le sacudo un par de bofetones, con lo cual echa a correr. Le hago seguir por la guardia que lo atrapa; mas no entendiéndome lo que digo, los soldados lo sueltan y yo le sigo para hacerlo arrestar, él echa a correr por los tejados y me deja solo.

Aquí comencé a experimentar de una manera sumamente desagradable la mala policía del país y lo que un forastero tiene que sufrir con los criados, mecánicos, etc. En fin, llamé al señor Rost, por segunda vez, para pedir un soldado al gobernador hasta Petersburgo y mi calesa, que aún no hay forma de que aparezca. La Rosière me acompañó aún un rato y luego se fue, dejándome solo, sin un individuo en toda la casa que me entendiese una palabra. ¡Qué desagradable situación por cierto!

Finalmente concluí mi diario y escribí al mariscal Rumantzov —¡qué buena tranquilidad para el caso!— dándole mil gracias por el alojamiento y aún el coche, que por su orden pagó el ayudante y no quiso permitir que diese yo el dinero. A las diez PM vino últimamente el señor Rost con el pasaporte[3] y

---

3 **[Por ucase de su majestad la soberana emperatriz Catalina Alekseevna, zarina de todas las Rusias]**
Desde Moscú hasta San Petersburgo, proveer al coronel conde Miranda y a sus acompañantes, tres caballos de Posta, y, donde no hubiera estos, caballos de particulares con guías.
Expedido en la Gobernación Provincial de Moscú el 7 de junio de 1787.
De Su Majestad Imperial y mi Soberana, el general mayor, gobernador de Moscú y Caballero de la Gran Cruz de la Orden Santo-Apostólica, príncipe Vladimiro.

***

[Orden del correo imperial de Moscú a los correos en el camino real de San Petersburgo]
Al recibo de esta orden se prescribe:
Todos los correos que estén en las Postas del susodicho camino real durante el paso de su señoría el conde Miranda deben seguir con su Señoría para preparar los caballos y acompañarle de Posta en Posta.
Junio, 7º día del año 1787.

diciéndome que no había modo de darme el soldado porque estaban todos, con el próximo arribo de la emperatriz, sumamente ocupados, mas que se vería modo a por la mañana.

No puedo explicar lo desagradable de mi situación, mas no hay remedio. Púseme con mi mayor paciencia a formar mi bagaje, recoger y empaquetar libros, con el corto auxilio de mi lacayo Iván que no me entiende una palabra y a medianoche termine esta fatiga, con lo cual me retiré a la cama un poco resuelto a partir conforme llegasen los caballos y mi carruaje, que aún no había aparecido, aguardando que mi criado entrase mientras que yo dormía y me robara, pues ninguna puerta de dicho alojamiento tiene llave y yo tenía en mi poder sus pasaportes, etc.

8 de junio
Me levanté temprano y escribí al coronel Korsakov para que viniese y me acompañara a casa del gobernador para transigir mis asuntos. Tomé té, me afeité y preparé para salir, cuando entra el señor Rost, asegurándome que todo está despachado y que mi criado y el cochero están en la prisión a mi orden, por la del gobernador, para que sean castigados, etc. Esto me tranquilizó el ánimo seguramente y así le entregué los pasaportes de mi criado para que se los entregara después de una represión. Y así también el dinero para el bribón del cochero, después que estuviese ocho días en prisión (18 rublos me arrancó al fin).

Vinieron los caballos y la calesa, muy bien reparada, con que comencé a aprontarla para la marcha. Y el señor Rost me ayudó fielmente como buen amigo, cuyo servicio no olvidaré jamás, pues el señor Mey no ha aparecido después que me enredó con el cochero, obligándome por una parte a no

***

Instrucciones
En cada Posta, al cambiar de correo, debe éste entregar intactos todos los efectos pertenecientes al conde, al siguiente correo.
En todas las ciudades donde parara, acompañarle a la posada si deseara comer o descansar.
En la ciudad de Tver, indicarle dónde se encuentra la casa del general gobernador.
En todo lo que necesite prestarle ayuda.
Habiendo llegado a Petersburgo, informarse sobre la casa de Levachov, o acerca de la mejor posada y llevarle a ésta.

darle los agradecimientos de los servicios que me hizo y por otra, haciéndome sumo perjuicio por su inexperiencia.

Vino Korsakov a eso de las diez AM y le di mil gracias porque ya su auxilio no era necesario y con el de mi amigo Rost y su autoridad de oficial sobre los criados, ya estaba todo casi aviado. Entré en casa del ayudante del mariscal para despedirme y decirle mis sentimientos sobre su negligencia, al mismo tiempo que para preguntarle si mi criado debía alguna cosa que hubiese tomado en mi nombre, etc. Me hizo sus excusas y efectivamente me parece que todo procedía de ignorancia. Subí a ver la casa en lo principal, que es muy buena y seguramente puede llamarse un pequeño palacio —es dádiva de esta emperatriz al mariscal— mas se arruina el edificio y su mobiliario sensiblemente.

Hice provisión de vino, pan, salchichas, etc., porque ésta es la costumbre del país y a la una PM nos pusimos en calesa el señor Rost y yo, quien me acompañaba hasta la Puerta para darme allí un soldado de la policía que me acompañase hasta la primera Posta, donde, según un pasaporte particular que traía, me darían de Posta en Posta un postillón imperial para que me acompañase. ¡Mas qué hacer con todo esto, si no me entienden una palabra! En fin, llegamos por la calle de Tver a la Puerta que dirige al camino de Petersburgo, donde tomé mi soldado y dije adiós a mi buen amigo el señor Rost, que me asistió con suma fineza hasta la hora de mi partida.

Supe al tomar el carruaje que el conde de Razumovski había llegado el día antecedente de Petersburgo a su casa de campo de Pablovska, a 6 verstas de aquí, junto al conde de Panin y teniendo carta para él de su hijo el conde León, no quise dejar de conocer un hombre famoso como éste en el país. Me dirigí hacia allí y mis gentes que no sabían el camino, ni yo cómo explicárselo, dieron tantas vueltas que no llegamos allí hasta cerca de las tres.

Estaban ya a la mesa. Yo entré y la brillantez del vestido de los criados, etc., oscurecía tanto el mío, sin embargo de que era bastante decente, que un hombre que en una mesa separada comía en la antesala y a quien pregunté si vivía allí el mariscal, me respondió que sí con aire desdeñoso... e inquiriendo que qué quería y respondiéndole que hablarle, con sonrisa y tono insultante me dijo que estaba a la mesa. Yo le respondí que no era en la mesa seguramente que le quería ver, mas que no era sujeto tal vez que lo desmereciese, que daría un paseo en el jardín ínterin concluía la mesa.

Paseé y después de una media hora volví, cuando un ayudante vino a preguntarme si era extranjero. Puede ser, le respondí y entré a ver dicho mariscal, que leyendo la carta me hizo mil atenciones. Hablamos sobre la Grecia, Italia, etc., con sumo gusto y amenidad en su conversación. Me dijo que en el camino había tenido ya aviso de mi persona y que se había propuesto el convidarme a pasar algunos días en su compañía, pues deseaba conocerme, etc. Yo le respondí muy atentamente que estaba ya en marcha y que no podía detenerme. Me instó mucho, sin embargo, para que me quedase, mas mi situación me lo impedía absolutamente, bien que yo ya lo apetecía, pues hallé su conversación sumamente afable y atenta.

Llegaron en esto varios nobles de la primera jerarquía de Moscú, a quienes me presentó de nuevo con suma fineza. Tomamos té y nuestro hombre, ayudante y mujeres que me habían tomado seguramente por un mendigo, por la falta de lacayos, etc., estaban algo sorprendidos. Me decía dicho mariscal que en Petersburgo me aburriría, mas yo le decía que llevaba la idea de ver la revista del rey de Suecia en Finlandia, a que me respondió que no creía la hubiese por este año, porque su hijo que está allí de ministro, se lo habría prevenido seguramente y que así sería mejor que me detuviese en su compañía. Me excusé del mejor modo que pude y partí a eso de las ocho con sentimiento de no tratarlo más tiempo y de recibir su hospitalidad. Me encargó mucho que viese a toda su familia en Petersburgo.

De paso por Misalkova, que es una versta más adelante sobre el propio camino, quise decir adiós al respetable conde Panin y así salté de mi calesa dejándola en el camino. Me recibió este buen veterano con tanto gusto y alegría, asimismo que su hijo el joven conde y la señora Bodé, que fue preciso quedarme a cenar con ellos. Les conté la aventura de mi criado y mi presente situación y todos, con un interés y terneza paternal, me rogaron que me aguardase un poco y me darían un criado fiel que me acompañase... cuya generosidad me obligó tanto que no pude menos que condescender con cuanto quisieron y ¡me hubiera quedado toda mi vida a vivir con ellos!

En fin, despedí mi soldado, la calesa se guardó con seguridad y nos pusimos a cenar con la mayor cordialidad. Después vino el mismo buen viejo a acompañarme a mi cuarto de dormir en el casino del hijo y también la señora Bodé. Yo volví a reacompañarlo a su casa y me contó de camino algunas curiosas anécdotas, entre otras una del mariscal Razumovski, en que éste, viendo la repugnancia de Panin a firmar un papel que no había leído, le decía que él hacía todo lo contrario, que era no leer jamás lo que firmaba, cuyo pasaje no deja de indicar bastante un rasgo del carácter del uno y del otro. Nos despedimos hasta por la mañana y el joven conde, que es amabilísimo, me acompañó hasta la hora de dormir.

9 de junio
Luego que estuve levantado vino el joven conde con una lista de palabras rusas que me había compuesto con su pronunciación para que me sirviese en el camino; libros, frutas, etc. ¡Oh, qué bondad de gentes y qué amabilidad!

Después de tomar té y café, tuvimos leche, manteca, etc. y fuimos después a casa del padre que ya nos aguardaba para ir a dar un paseo al jardín e invernaderos frutales en que habrá más de 1.000 árboles. Cogimos duraznos, albaricoques, etc. y a mí me hicieron mi provisión de frutas para el camino. Aquí tomamos la línea y fuimos a dar un paseo por todos los parajes más bellos —que no son pocos— y hermosas vistas, los cinco con el señor Meré, el ex jesuita. La conversación fue sumamente erudita y tan interesante, que todos nos cebamos grandemente. De vuelta a casa visité los apartamentos de la señora Bodé, en que observé varios y muy buenos libros, síntomas infalibles de la instrucción y del buen gusto cuando se ve que el dueño los maneja. En el gabinete del padre se observan las láminas de Hogarth. Comimos algo temprano, pues a las tres se proponía el conde ir a hacer una visita a los jóvenes grandes duques que han llegado ya a Kalomenskoie.

Después escribí una carta de gracias para el gobernador al señor Rost con mis agradecimientos, de la cual quiso bien encargarse el joven conde y ellos partieron después de las tres para su visita, despidiéndose tiernamente de mí, con mil muestras de amistad y cariño. La señora Bodé aún me quería detener un poco, mas yo huí la circunstancia y así tomé mi carruaje con mi buen criado Alexis y donde encontré infinita provisión de vinos, pastel, ternera, etc. y con notable sentimiento dejé aquellas gentes.

Camino de San Petersburgo

Serían ya las cuatro de la tarde cuando partí y seguí como el viento por hermoso camino y muy bello país a una y otra parte, hasta el lugar de Ezernaya Grais, que son de Moscú 28 verstas, con tres caballos. Y por un camino semejante y país hermosísimo llegué al lugar Vechky, 23 verstas adelante —tres caballos— cuyas casas se asimilan a las aldeas de Holanda y se observa que los habitantes de estos lugares están en mejores circunstancias que los demás que he visto por aquí. Luego por buen camino también, a la ciudad de Klin, 31 verstas adelante —tres caballos— y de aquí por igual camino a Savidovo, 26 verstas adelante, tres caballos. Los postillones van bien hasta aquí y aún no hemos tenido la menor disputa.

10 de junio
Por caminos bastante buenos y un país que seguramente está poblado razonablemente, pues los lugares se encuentran a espeso, llegamos al lugar de Gorodna, 16 verstas adelante, con cuatro caballos y por camino y país semejante a la ciudad de Tver, 28 verstas adelante, seis caballos y pago siempre tres solamente.

Esta ciudad tiene un mejor parecer que las demás y muchos y más mejores edificios de mampostería. Su población se asegura llega a 10.000 habitantes. Llovía bastante y hacía un poco frío, con que entré en una posada bonita y muy aseada, el piso regado de arena como en Holanda y con cogollos de hierbas aromáticas por el suelo. Me sirvieron té inmediatamente, con pan y manteca muy bien por 30 kopeks y proseguí mi viaje examinando la ciudad por las calles principales que son bastante anchas y tiradas a cordón, algunas empedradas y las casas de muy buena apariencia.

Llegamos a las riberas del Volga que pasa por aquí. Estas son elevadas y las casas que están construidas sobre ellas comandan una hermosa vista. Hay un puente formado con doce barcas, mas no pudimos pasarlo porque estaba compuesto para la emperatriz y así descendimos un mal paso y lo atravesamos en una plancha. Llovía y el paso estaba resbaloso como todos los demonios. Este río famoso y el mayor de toda Europa, tendrá aquí como 50 toesas de ancho. Gusté sus aguas que me parecieron muy buenas y seguí mi ruta por camino arenoso hasta el lugar de Mednoe, 30 verstas adelante, cuatro caballos. Inmediato está el Palacio del Señor, construido en mampostería y tiene buena apariencia. Siguiendo por camino arenoso aún, llegamos a la ciudad de Toryok, 33 verstas adelante, cuatro caballos, donde resolví hacer alto porque llovía.

Entré en la posada que era bastante buena y muy aseada. Me sirvieron té e hicieron fuego en la chimenea con suma prontitud y así me senté a hacer mi comida con las provisiones que traía. La lluvia continuaba y mi pobre criado Alexis estaba expuesto en la calesa, con lo cual y porque había allí una muchacha muy bonita que hacía de criada, me resolví a pasar la noche... Esta me procuró una buena cama, que no es cosa fácil en el país y me ofreció venir a dormir conmigo. Era muy bonita y amable su persona, con que me acosté luego y la muchacha vino inmediatamente. Mas encontrando mi criado Alexis que aún estaba allí, la pobre hizo semblante de apagar el fuego y se retiró. Después creo que el ama la encerró, pues yo me levanté a las tres de la mañana e hice poner caballos y marché. Busquela, mas la que estaba de guardia me dijo que dormía y no podía salir ahora. Quise darle alguna cosa a la pobre y si hubiera aguardado un poco más tarde, seguramente la hubiera chapado, pero tuve mis escrúpulos de hacerle mal a la pobre, porque tenía... y así pagué mis 2 rublos que me costó la cama, fuego y té y marché a las tres y media.

11 de junio
Seguí mi camino tal cual, observando que el país aquí comienza a ser un poco montuoso y más quebrado y que las casas de los habitantes están construidas de una hermosa y más gruesa madera, cuyo color exterior es amarillo cuando nueva. Me informé por mi criado y el *svoschik* cuánto costaba una de las que siempre se encuentran en piezas de venta a la entrada de los lugares y me dijo que solo 20 o 24 rublos es el precio común. Con cuatro buenos caballos llegué a Vidroposvsk, lugar a 38 verstas del antecedente y se encuentran a menudo lugares varios sobre dicha ruta.

De aquí partí por caminos y país semejante, con cuatro caballos, hasta la ciudad de Vischnei Volotchok, 33 verstas del antecedente, famosa por el canal que allí une el Tverza y el Msta, dos pequeños ríos que descargando, uno sobre el Volga y otro sobre el lago Ladoga, forman la comunicación por agua del Mar Caspio con el Báltico. Aquí, en casa del maestro de Posta, me sirvieron té muy decentemente, en un buen apartamento, por 25 kopeks y seguí paseando el canal hasta las esclusas, ínterin me habilitaron caballos que vinieron a buscarme más abajo, donde están las esclusas de dicho canal, sobre el propio camino, que examiné despacio y están muy bien construidas y el canal bien cuidado, que me parece tendrá aquí una versta o poco más. El plano que da el señor Coxe me parece exacto. Esta ciudad tiene buena apariencia aunque sus casas son de madera y los efectos del comercio y la industria se perciben muy distintamente.

Seguí el camino. A poca distancia se pasa el río Schlino e inmediato está un gran monasterio, a cuya puerta hay una imagen con su alcancía y mi ruso postillón no dejó de apearse, santiguarse tres veces y poner allí su limosna, cuya piedad compone en el día la mejor renta de los frailes aquí. El camino es terreno cenagoso y así está todo formado de calzadas con madera, al modo ruso, que es un infierno para el que se sacude en su coche o *kibitka*... y bien aporreado llegué con cuatro caballos al lugar de Jotilovo, 36 verstas del antecedente. Se observan unos términos en el camino, poco antes de llegar, que naturalmente son los de la Provincia.

Continué mi camino por un país semejante al antecedente, cenagoso y cubierto de bosques, que suministran tanta madera que las gentes la desperdician a la verdad, pues en la provisión que se ve hace cada paisano para su consumo y la madera que se gasta para reparos y en formar dicho camino o maldita calzada, apenas se puede formar idea de que la madera tenga valor en este país. Es verdad que desde aquí hasta Petersburgo, el camino está cortado por medio de un bosque espeso y continuo y apenas se observan señales de agricultura, cerca de los lugares. Llegué con tres caballos a Jedrovo, 36 verstas del antecedente. Y seguí por mejor camino y un país hermosísimo, con colinas y pequeños lagos por todas partes que lo hacen sumamente pintoresco y agradable, hasta las once PM que llegué a la ciudad de Valdai, 20 verstas adelante, famosa por la hermosura y libertad de las mujeres. En la Posta me quisieron alojar, mas no valía un diantre la casa y así seguí a la posada de la ciudad que está dos verstas más adelante y que dos muchachas que allí estaban vendiendo pan en rosquillas, me la anunciaron. El posadero dormía mas se levantó a nuestro llamado y con un colchón que me dio y mis sábanas, compusimos una cama tal cual, en que dormí grandemente con la esperanza de ver mañana las bellas muchachas del país.

12 de junio
Por la mañana tuve mi té y leche y por todo solo me pidieron medio rublo. Llovía bastante y así no apareció ninguna de las ninfas de Venus que tienen tanto renombre aquí. Vinieron, sin embargo, algunos ninfos a jugar al billar en una mesa que hay en dicha posada. Eran ya las nueve cuando partí y así observé en las calles varias de dichas ninfas que vendían sus panecillos en rosquillas, mas no me parecieron ni hermosas ni lúbricas... ¡tal vez las bellas huyen del agua!

En fin, con mis cuatro caballos seguí mi camino semejante al antecedente y conducido por un muchacho que apenas tendría once años. El país es como el antecedente y cubierto de lagos por una y otra parte que es una hermosura, mas no se ve siquiera una sola casa de campo en tan amena situación. Noté, en algunos pequeños pedazos de agricultura que araban y sembraban actualmente, la imperfección en que este esencialísimo arte está aún en el país. El arado es de una construcción particular, formando como dos puntas o uñas y corre tan ligeramente sobre la tierra que un solo caballo a veces basta y he visto que lo arrastraba volando. Esta causa solamente bastaría para el poco fruto que se observa da aquí la agricultura comparativamente a otros países en que está mucho más perfeccionada. Llegué finalmente a Sajelbizy, 23 verstas adelante.

Con cuatro caballos seguí adelante por caminos semejantes y un país ameno e interpolado de lagos como el antecedente, mas sin cultura ni población, sin embargo y llegamos a la pequeña ciudad de Krestsi, 38 verstas adelante, que no está mal construida y la entrada forma una buena calle con su hermosa perspectiva de la iglesia que está al remate, sus faroles para iluminarla por la noche, etc. Entré en una pequeña posada, cerca de la Posta, donde me sirvieron té perfectamente en un cuarto sumamente decente e inmediato había su alcoba, con su buena cama, etc. Desenvolví mis provisiones e hice aquí mi comida y cena a la vez, según la moda del país.

Visité algunas casas de paisanos y noté que éstas son mucho más amplias y aseadas que las de otras partes de Rusia y asimismo observé que en casi todas hay un telar de lienzos blancos del país, que no son malos para el vestir de la gente inferior. Pagué mis 30 kopeks por el té, pan, etc.; vi ordeñar una vaca a una muchacha que me escondía la cara al mismo tiempo que me enseñaba hasta la cima del muslo. Seguí con cuatro caballos por un buen camino hasta Sayzovo, 31 verstas adelante y aquí se observa un buen palacio, naturalmente del señor del lugar.

13 de junio
Como ahora no hay noche aquí absolutamente, es un gusto viajar continuamente, sucediéndome muchas veces que a medianoche podía leer muy cómodamente en mi calesa y así seguí hasta la aldea de Broniza, 21 verstas adelante, situada sobre el río Msta que pasamos sobre un puente de madera o balsa estrechísima. A cosa de 2 verstas, antes de llegar a dicha aldea, está un montezuelo que se eleva en forma cónica en medio de una gran llanura y sobre la cima hay una iglesia de mampostería, desde cuya altura se goza una hermosísima y extensa vista de todo el país adyacente. Partí luego, después de este paseo y con tres caballos solamente marché hacia Novgorod, por un malditísimo camino de calzadas de palos a la rusa. Y aunque una mitad estaba compuesta para el pase de la emperatriz, no se podía tocar, según la máxima general y así teníamos que ir por fuerza por degolladeros. Encontramos infinitas manadas de ganado vacuno que se conduce para el consumo de Petersburgo y la mayor parte vienen de Ucrania, a más de 1.200 verstas de aquí.

Pasé el pequeño río Volkovetz sobre una pequeñísima barca y llegué finalmente a Novgorod, 35 verstas adelante, cuyo aspecto manifiesta una antiquísima, grande y arruinadísima ciudad. La generalidad de sus edificios son de madera en el más antiguo gusto ruso. La ciudad está circundada de una gran muralla de tierra, con sus antiguas torres a pequeñas distancias y no faltan iglesias en abundancia. El río Volkov, que es hermoso, la divide en dos partes que se llaman el barrio de comercio y el de Santa Sofía, que están unidos por medio de un puente, mitad de ladrillo y mitad de madera. Fui a la posada para tomar una taza de café, mas hacía un frío de pelliza y no había un cuarto caliente, con que me fui a la casa de un paisano y allí, que nunca falta calor, me hicieron té con leche, pan, etc., que me fue de gran refrigerio contra el frío del demonio que hacía en esta estación.

En fin partimos con tres caballos y encontrando caravanas de *kibitkas* de más de una versta de largo, sin más que ocho y diez hombres que dirigen, los caballos siguen por sí mismos. Hubimos de atravesar un maldito camino de calzadas rusas de 22 verstas, hasta el lugar de Podberesie, donde mi criado Alexis me dio la noticia de que no encontraba el *paderos*, que sin duda se había quedado en Novgorod y que el maestro de Posta no quería dar caballos. Me acordé que yo había guardado el pasaporte del mariscal Rumantzov y así lo saqué y éste remedió nuestro trabajo sin detenernos un instante.

Seguí con otros tres buenos caballos mi camino, por fuera del camino real, que se forma de calzada magnífica y mampostería, según el nuevo plan de la emperatriz que quiere se haga todo así hasta Petersburgo, con sus puentes de piedra y toda magnificencia, mas no hay concluida aún una Posta. La parte por donde ahora se transita y nosotros tuvimos que pasar, es lo peor que quiera imaginarse y la continuación del monte seguido le da un aspecto lúgubre y sumamente triste; ni agricultura ni población alguna, sino de cuando en cuando y a considerable distancia una aldea y apenas un poco de terreno cultivado.

Así seguimos hasta Spaskaya-Polista, 24 verstas adelante, donde entré a examinar varias casas de paisanos que están construidas en el mismo gusto que llevo observado y están aseadas interiormente y con comodidad para vivir. Era domingo y así se divertía la gente moza, que estaba por la misma razón, bien vestida. Unas muchachas se mecían grandemente en su cuerda, sin dárseles cuidado de que les viéramos las piernas, sin embargo que pasaban de los quince... costumbre. Un postillón que llegó con un correo de Novgorod me trajo el *paderos* olvidado y le di su regalo, con que quedó contento.

Seguimos con tres caballos el camino que por fortuna era bueno, pues se ha preparado para la emperatriz y por buena suerte dejan pasar a los demás. Un niño que apenas tendrá ocho años nos conduce y bien, que es lo más singular... iefectos de la costumbre en que somos criados! Y así llegamos a Chudovo, 24 verstas adelante. Aquí tomé té y un poco de mis provisiones que, ipardiez!, venían al caso, pues no había comido en más de veinticuatro horas. El cuarto no era malo, mas había allí una enferma que recibió visita de sus amigas ínterin yo hacía mi comida. Pagué mis 30 kopeks y ellos quedaron contentos.

Me informé aquí de nuevo de la observación que el señor Coxe hace de que un paisano casa muchas veces su hijo de nueve años con una muchacha de dieciocho y cohabita con ella hasta que su hijo tiene edad y así resulta de que le hace tres y cuatro hijos, etc. y me aseguraron que es cierto... cosa singularísima. Con tres caballos seguí por buen camino hasta Litiban, 32 verstas del antecedente y siempre a la entrada de estos lugares se observan casas preparadas para venta, esto es, que no hay más que montarlas. Una cuesta 24 rublos, según me informaron aquí. Es un gusto realmente poder viajar y leer a medianoche con la claridad del día.

14 de junio

Con tres caballos seguí por buen camino y el mismo bosque continúa hasta Tosno, 26 verstas adelante. Aquí encontré que me decían que la Posta no tenía caballos, que era menester que yo los buscase de los paisanos, para jugarme el mismo pasaje que al llegar a Moscú, mas como yo, para resguardo, había hecho poner en el *paderos* que los tomasen de los paisanos si no los había, les di un grito, les hice leer la cláusula y se compuso la cosa, que de otro modo me hubiera quemado la sangre. Y vea usted si no aparece el *paderos*, ¡qué jeringa! Ínterin tomé café, que me hicieron prontamente y seguí mi ruta.

Con tres muy buenos caballos seguía a razón de 10 o 12 verstas por hora, que es lo más que corre esta gente, por buen camino hasta la villa de Sofía, que es un nuevo establecimiento construido por la emperatriz en Zarkoie-Selo, su palacio de campo, a 38 verstas adelante. Aquí, ínterin ponían caballos, me fui a dar un paseo por este hermosísimo jardín y admiré una ruina que estaba inmediata y la puerta o arco triunfal de Orlov, la columna rostral, etc. Y con tres caballos, aún seguí por un hermosísimo camino en línea recta de 22 verstas a Petersburgo. Este camino está muy bien iluminado por ambas partes y con sus marcas miliares de elegante forma y de muy rico mármol. Hay hasta Petersburgo desde Moscú 730 verstas, según yo he pagado.

San Petersburgo

A las nueve y media de la mañana llegué a la ciudad y encontré, por fin, después de haber dado algunas vueltas, la casa del general Levachov, en el Gran Morskoi, el cual me había hecho el favor de darme una carta en Kiev para que su hermano, el coronel Levachov, me alojase en los apartamentos del general en Petersburgo. Le hice entregar la carta a dicho coronel, que aún dormía y los criados no me hicieron caso porque no venía con pompa asiática. Al fin vino el dicho señor y me preguntó dónde estaba el conde de Miranda. A que le respondí que allí mismo, con que me hizo sus reverentes excusas y nos entendimos. ¡Válgate Dios por usos frívolos y aparentes! Tomamos café y quedamos allí en conversación hasta el mediodía que comimos y después me puse a componer mis cosas en los cuartos que se desocuparon. Hice buscar un criado que hablaba un poco de francés y me pidió 30 rublos al mes —qué diablo de precio—, un coche con cuatro caballos, 90 rublos al mes y fue preciso conformarse. El resto del día lo pasé en casa bastante fatigado del camino, frío, calor, lluvia, etc.

15 de junio
Me vestí y fui a entregar varias cartas de recomendación que traía, según la lista adjunta.

* * *

La mayor parte de las gentes estaba en el campo y así encontré pocas en casa. La vieja condesa de Rumantzov fue una con quien tuve larga conversación y asimismo con su hija, la señora princesa Trubetzkoi, que estaba allí también. Me informó la vieja de muchas cosas relativas a la vida privada de Pedro el Grande y me enseñó esta casa que es la misma que edificó y en que vivió dicho emperador, que decía a su mujer: «Vivamos como buenos burgueses holandeses, que después que yo me desembarace te haré un palacio para que vivamos como emperadores». Me enseñó un crucifijo que el mismo Pedro I diseñó con un cuchillo sobre la puerta de la sala y una pieza de madera, regalo del Elector de Sajonia al mismo Pedro, en que en tres muestras se manifiesta el curso del tiempo, la dirección del viento y la fuerza del viento por una veleta que corresponde al tope de la casa. Vi su cuarto en que dormía, en el que torneaba, etc. y es de admirar cómo esta mujer que tiene ya 100 años está fresca, se viste y adorna y conserva una feliz memoria. Su hija también tiene modo elegante y buena conversación. Aquí estuve hasta la hora de comer que vine a casa y comí con Levachov.

Después salí a concluir la distribución de mis cartas y entré en casa del señor Anderson, comerciante inglés con quien tomé té y tuve agradable conversación hasta las nueve que me retiré a casa a leer.

16 de junio
Hace una lluvia y frío del demonio, así pasé la mañana en casa. He tenido varias visitas, mas ninguna vale cosa. La señora Ribas me avisó que me aguardaba mañana por la tarde. Muy bien.

Esta tarde he estado a ver la famosa casa del príncipe Potemkin, que está cerca de las Guardias a Caballo y es, a la verdad, una singular y buena pieza de arquitectura: una gran sala rotonda precedida de su vestíbulo y antesala, otra en forma de circo romano, con otra, mayor aún, cuadrilonga, con un gracioso templo rotondo en medio y divididas estas dos por una magnífica columnata orden Jónico, según las del Templo de Erectea en Atenas, componen los cuerpos principales de este magnífico edificio, cuyos adornos y proporciones son del buen gusto griego. Y puede decirse, desde luego, que entre los modernos edificios, es aquel que más se aproxima a la esplendidez y magnificencia de las Termas romanas que en ruinas vemos hoy por Italia.

Visité todos los apartamentos altos y bajos en que encontré arabescos de sumo gusto y en uno de ellos el modelo de la columnata y fachada de la iglesia de San Pedro en Roma, de madera, tal vez la que se trabajaba en el Palacio Farnesio, cuando yo estuve allí. Las dos alas que se construyen ahora, le darán suma extensión y gracia al todo, mas examinando los materiales de que se hacen, hallé que no eran buenos absolutamente, ni el ladrillo ni la mezcla, de que resulta el que con facilidad se arruinan, como ya comienza a experimentarse. Lástima realmente que un conjunto tan hermoso no esté hecho de una materia más sólida. El jardín se comienza a formar en el gusto inglés y lleva muy buena traza y dirección.

Vi asimismo ejercitar un escuadrón de la *Garde à Cheval* o caballeros guardias, que no están malos en su montura y disciplina y después que concluí de pasearme por el jardín del príncipe y por toda su casa, arriba y abajo, me vine a casa a las nueve y media, donde encontré varios billetes de visita. Vino una buena moza a las diez y media, que me envió la capitana Ana Petrovna, hablaba un poco de francés y así nos entendimos muy bien. A la cama luego y la chapé tres veces hasta las ocho de la mañana que se retiró... Me costó 10 rublos y aún no estaba contenta la abadesa, que me envió a decir con mi criado, era poco, pues debía dar al menos 25 rublos.

17 de junio
Estuve en casa leyendo la mañana. Tuve algunas visitas y a las tres me fui a comer a casa del señor Anderson, que tuvo muy buena y sociable compañía y allí conocí al señor Moubry, su compañero señor Kelly y el señor Walker, grabador de la emperatriz, etc. Tomé té en esta compañía y queriendo partir a casa de la señora Ribas, encontré que mi coche se lo había llevado mi criado que fue en él a emborracharse a la taberna y vino ya tarde sin poderse tener.

En fin, llegué a casa de la señora Ribas, que ya me aguardaba con impaciencia y que ya había creído que no venía. Le expliqué la razón y tuvimos larga conversación en que me parece carácter singular... Quedé convidado para comer allí el domingo y me despedí cerca de las nueve, teniendo que venirme a casa pues mi criado no podía abrir los ojos de la borrachera y tuve que dejarlo allí muerto. Escribiendo.

18 de junio
Por la mañana en casa, leyendo libros relativos a Rusia, Petersburgo, etc. y escribí una nota al general Orlov para que me permitiese ver el «Ermitage» o Palacio de la emperatriz que lleva este nombre y está unido al Gran Palacio de Invierno. Me respondió que a las cuatro PM estaría todo pronto.

Pasé a esta hora a casa del señor Walker, a quien encontré con su mujer, hermosa inglesa y me enseñó algunas obras de su mano y el retrato del señor Mamonov que se hizo en Kiev y estaba ya grabado por orden de la emperatriz... y fuimos juntos al «Ermitage». Comenzamos por las pinturas que cubren todas las paredes de este palacio y seguramente no serán en menor número que 3.500 a 4.000 cuadros, de donde debe inferirse que todos no son buenos. Hay, sin embargo, soberbias piezas, no en la escuela italiana que es aquí la más inferior, mas sí en la flamenca, holandesa y española... El mejor Murillo, acaso, que yo he visto, está aquí en un San Juan, de tamaño casi natural que halaga un cordero, pieza inimitable y una Huida a Egipto que el señor Whiton, graba actualmente. También hay un buenísimo Velázquez, entre otros; una Venus que se da por original de Ticiano y otros de Correggio, no me parecen rasgos dignos de semejantes maestros. Mas hay soberbísimos Van der Werff, Rubens, Van Dyck y sobre todo de Teniers, que es la más rica colección suya que he visto. También se ven algunos buenos Poussin y dos cuadros de la viviente Angélica Kaufmann, que me gustan infinito y seguramente manifiestan el traje y bella forma griega antigua, mejor que ningún otro pintor hasta ahora.

El jardín de invierno elevado sobre bóvedas a la par de las salas y el de invierno, son obras curiosas del señor Betzky y en este último hay una cantidad de pájaros del Asia, América, etc., que por la variedad y hermosura del plumaje, como por la melodía de su canto, forma un paraíso seguramente.

Estuvimos en el teatro que asimila bastante a la forma que Palladio dio al suyo en Vicenza. De aquí pasamos a una galería en que se colocan copias de las galerías del Vaticano, de Rafael, sobre madera, cuyo trabajo si fuese bien ejecutado, parecería aún mejor que aquéllas, pues una buena parte apenas se descubre ya. Cuando esta galería esté concluida, hará sin embargo un bello efecto.

El relojero de Su Majestad, un inglés, hizo sonar una pieza de relojería que hay allí, hecha por los *hern-huters* que están sobre el Rin, cosa maravillosa y no sé si el mecanismo, la obra de madera o los adornos en bronce, sea lo más admirable. Finalmente, no he visto jamás ni mejores maderas ni más perfecto trabajo en los días de mi vida. Una colección de escritorios, mesas, etc., de caoba, trabajados por la misma manufactura, confirma lo mismo. Y Su Majestad ha gastado en comprar estos muebles cerca de 100.000 rublos, dignamente, en mi opinión, pues es una de las más perfectas cosas que contiene «Ermitage» y si fuésemos a hablar de lo bien acabada que está cada pieza, sus adornos en bronce, etc., no acabaríamos. En la forma podría darse más perfección en algunas, no hay duda.

Si consideramos el conjunto de estas pinturas y obras de arte, no podemos menos que extrañar, sin embargo, cómo se tolera que al lado de un gran cuadro o de un milagro de la invención esté un mamarracho o una vulgaridad, ¡y éste es el hecho!

A las nueve me retiré y vine a casa, mi cabeza llena de pinturas, estatuas, jardines, etc., cuya reflexión me ocupó toda la noche, considerando cuánto un solo hombre posee y cuán poco otros, al mismo paso que encontramos aquellos que perecen de hambre!

19 de junio
Por la mañana tuve recado del duque de Serra-Capriola, para quien traje carta, de que el conde de Ostermann me convidaba a comer en su casa de campo, a 7 verstas de aquí, hoy a la una y media PM. Me vestí y dirigí hacia allí a la hora señalada, quedando aturdido de cuántas bellísimas casas o palacios de campo se encuentran sobre este camino o por mejor decir calle campestre de la mayor magnificencia.

Llegué a la hora asignada a la casa de este ministro y no hallé en la sala ninguna persona de mi conocimiento. Hice mi cortesía a las damas y sujetos que allí había, se me respondió y ninguno hizo caso. Yo me senté a un lado con la misma indiferencia, hasta que vino el duque de Serra Capriola y me habló por la primera vez, presentándome a la señora de Ostermann, que salió poco después y así a otros, al señor de Markov, etc.

Vino después el conde y fui presentado igualmente. Nos pusimos a comer y entre otras cosas, se habló del título que el príncipe Potemkin acababa de obtener y si era hereditario o no. Dije yo que sí seguramente, como el de los romanos y entre otros el de Escipión el Africano. Markov, con su aire francés, dijo que no y yo le respondí que sin otra autoridad, ello no sería más que su opinión particular. Y vi que esto había gustado a los demás, que según después supe, estaban tiranizados en sus discursos por este señor erudito. Concluyó la comida y yo manifesté al conde que, habiendo tenido el honor de conocer y ser bien recibido por Su Majestad la emperatriz, desearía por el mismo motivo, lograr el ser presentado a Monseñor el gran duque, etc. Y me respondió que le avisaría y me comunicaría la respuesta inmediatamente. Con que me retiré y él me ofreció su casa, etc.

Llegué de paso a casa del príncipe de Kurakin, chambelán, para quien traje cartas de mi amigo el conde P. de Panin y tomé té en su compañía en su casa de campo; me hizo conocer a su mujer y me convidó para que mañana fuésemos juntos por la tarde al jardín del señor Narischkin, copero mayor de Su Majestad imperial, que es el punto de reunión de las gentes primeras, en esta estación... y así, de paso, dejé un billete a los señores Narischkin, que viven inmediatos, en la campiña adjunta a ésta y derecho me fui a casa a leer.

20 de junio
Por la mañana consultando libros y catálogos de las cosas del país y por fin he encontrado un plano, que aunque viejo y mal grabado, me ha hecho la Academia pagar 3 rublos.

A la hora de comer, a la una, me hallé en casa de la señora de Ribas, que me presentó al señor Betzky, respetable y caballero, buen viejo. Allí había varios ministros extranjeros y el Encargado de Negocios de Francia, señor Belland, que aún no me había visitado. Se hablaron varias cosas y entre otras, de los jesuitas, con que versó la conversación sobre el señor de Calonne, el ex ministro de Francia y queriendo este señor presumido apoyarle, le dije no sé qué argumento que le hizo callar y no dejó de mortificar su amor propio.

Después de comer tuve una larga conferencia con el señor Betzky, que me agradó infinito y quedamos en vernos a menudo y con amistad. El barón de Nolken, enviado de Suecia, me convidó a comer mañana y me informó que las Revistas en Finlandia habían sido efectivamente y que Su Majestad debía partir mañana, según las noticias, cuya información me dio sumo pesar, pues si lo hubiera sabido inmediatamente que llegué aquí, tenía tiempo para haberlas visto dos días al menos. Mas quién hubiera pensado que el mariscal de Razumovsky y Levachov, que me informaron no haber nada, se equivocasen o ignorasen una cosa semejante. ¡Este es el caso, sin embargo!

De aquí pasé a casa del príncipe Kurakin, con quien tomé té y pasamos al jardín de Narischkin, que paseamos muy bien aunque con un tiempo nada agradable, pues hacía húmedo y fresco. Después encontramos allí los amos, que me hicieron mil agasajos y la señora Narischkin, viuda del montero mayor de Su Majestad imperial, que entre ella y su prima me tomaron por el brazo para enseñarme el jardín de nuevo, que la señora Narischkin me decía ser obra toda de sus manos y dirección. Y efectivamente, cuando se considera que el todo está fundado sobre un pantano, es admirable lo que la industria ha podido hacer... Todo el mundo tiene acceso aquí los domingos y hay criados pagados que mueven los puentes y barcos para que pasen las gentes, etc., mas hay demasiada agua y poquísima tierra en mi opinión.

Vinimos de aquí a la casa, me enseñaron los invernaderos que hay en el otro jardín y me enseñaron toda la casa interiormente, que está alhajada y dispuesta con sumo gusto. Y aquí me quedé a cenar con estas amabilísimas gentes en cuya sociedad estuve hasta medianoche. De vuelta a casa me metí en la cama, no poco fatigado de tanto hablar, paseo, cumplimientos, etc.

21 de junio

Malísimo tiempo de lluvia, etc. A las dos me fui a casa del barón de Nolken que me aguardaba a comer. Me presentó a su señora, una sueca hermosa y a la señora Tcherbinin, hija de la princesa Daschkov, que vino también a comer —me parece sujeto del temple de su hermano— y a un príncipe de Hesse, que sirve aquí en los Caballeros Guardias. Es joven de unos veintidós años.

No sé cómo demonio vino aún la conversación sobre las finanzas de Francia y el Encargado de Negocios se mezcló en apologías, de modo que se le dijo algo sobre el clero de Francia, que le mortificó aún más que el día antecedente, porque las damas y circunstantes rieron. En fin, se acabó la comida y yo tuve una larga conversación con el señor Epinus —un alemán, preceptor que fue o es del gran duque— bien interesante e instructiva, relativa a este país.

A las cinco me despedí. Las damas ensayaban una comedia francesa y yo me fui a casa del señor Betzky, con quien tuve muy buena sociedad y asimismo la de la señora Ribas en cuya compañía cené y estuve hasta más de las once. De vuelta me puse en la cama y después de medianoche, veo que entra en mi cuarto un oficial del conde de Ostermann, diciéndome me hallase mañana antes de la una de la mañana en Gatchina para ser presentado a Su Alteza el gran duque. Mi criado se había retirado y yo no podía, por consecuencia, dar a esta hora orden ninguna relativa a la partida. Me informó que había 45 verstas de distancia. Muy bien, sin embargo y a dormir.

22 de junio
Mi criado vino a las ocho y le envié inmediatamente a que me aprontasen el coche con seis caballos y yo me puse a afeitar, peinar, etc. Por más que me di prisa no pude partir de aquí hasta cerca de las diez y marché cuanto pude hasta llegar allá, que era la una y diez minutos. La comida estaba ya llevándose a la mesa y el conde de Puchkin, que debía presentarme, se hallaba enfermo. Yo apresuré al ayudante, sin embargo y un chambelán vino —el joven conde de Tchernichev— que me introdujo en la sala y me presentó primero a la gran duquesa (yo no le besé la mano porque no lo sabía, mas advertido después por Serra-Capriola, hice mis disculpas después de comer y ella se ruborizó diciéndome: «¿qué cree usted que yo estoy *sur le qui-vive*? Eso no es nada, el duque sin duda se lo ha dicho a usted y no era necesario», después al gran duque, que ambos me recibieron con suma benignidad y agasajo, conversando todo el tiempo conmigo hasta que fuimos a comer, un cuarto de hora después. A mí se me había dicho que no comían hasta las dos y comen a la una.

Me hicieron sentar enfrente de ellos a la mesa y hablamos todo este tiempo de cosas de España, de América, del príncipe de Nassau, contra quien me parece están prevenidos, etc. Después aún hablamos del jardín, de su familia y me preguntó la madre si no había visto sus dos hijos en Moscú, a que me excusé diciendo que justamente había sabido que llegaron el día de mi partida. Se retiraron después y yo me fui a pasear el jardín con un oficial que quiso bien acompañarme, pues ningún ministro me ha servido sino de hacerme todo el mal posible; no sé si sea efecto de la envidia o hábito de malevolencia entre estas gentes.

Volví de mi paseo a las cinco y a las seis aparecieron sus Altezas. Me enseñaron juntos sus apartamentos interiores, en que noté libros, música, labor, etc., que son signos de ocupación y virtud. La cama está en forma de una tienda y esto me dijo que era idea del príncipe Orlov, después me convidaron a dar un paseo para mostrarme el jardín y fuimos dando una gran vuelta. Nos acogimos bajo un toldo porque comenzaba a llover y continuó tan fuerte que fue menester seguir mojándose. Él me prestó un *surtout* suyo y seguimos por el agua hasta llegar a una choza que representa exteriormente una pila de madera y por dentro un rico y elegante pabellón con sofá, espejos, etc. Aquí había una elegante merienda y ella me manifestó, en una rinconera de espejos, que repite tres veces el objeto, un ramo de flores artificiales hecho de su mano, que es buena cosa. Tomamos té y después vinieron coches en que nos retiramos al palacio, porque la lluvia continuaba fuerte.

Cenamos a las ocho y media a la señal de un cañonazo y continuamos en mucha jovialidad todo el tiempo que duró la cena, que sería hasta las nueve y media. Hubo un poco de conversación en la sala y a las diez se retiraron ellos y nosotros nos fuimos a dormir. Yo fui alojado en un salón que contenía una colección de pinturas. En cuatro grandes cuadros estaba representada la acción de la Escuadra sobre las costas de Anatolia, de *papier maché*, según me dijeron obra inglesa; un cuadro de Giordano que representa Adán y Eva echados del Paraíso, no malo, etc. Está todo dispuesto con gusto y magnificencia. Al entrar se pregunta a los que vienen si se quedan a dormir y se les señala un criado, o lacayo de la Corte que les sirve. Encuentro una muy buena cama, toilette, hidromiel para beber, etc. Me han asegurado que a veces se hacen aquí hasta 270 camas para huéspedes, cuando ocurre fiesta, etc.

23 de junio
A las diez me levanté y después de tomar café, me fui sobre una torre del palacio para ver todo el jardín y país circunvecino. Efectivamente se descubre una gran vista desde este paraje, Zarkoie-Selo, etc. Y al pasar por un cuarto de los altos, vi dos cuadros que representan el suceso de la Escuadra y tropas rusas en Lemnos. Descubrí algunos carabineros que ejercitaban para montar la guardia y así tomé un *surtout* y me fui allá, les vi montar la guardia que me gustó mucho, pues están tan bien disciplinados como las tropas prusianas.

Luego me fui a vestir y un cuarto de hora después de mediodía vinimos a la sala, cuando ellos salieron. Me preguntó qué me había parecido aquella tropa y yo le dije mi opinión, con lo cual me tomó por la mano y apretándomela fuertemente me dijo: «Amigo, éste es mi modo de pensar y no puedo remediar nada; mas hacen lo contrario por esto los que me denigran, etc., etc.». Estaba ya fervorizado y esto me enterneció. En otra ocasión me dijo: «¿Qué he hecho yo? Nada aún... hijos solamente». Hablando de que se apresuraban mucho las gentes en construir los edificios y así no eran sólidos: «La razón es, me dijo, porque en este país nada hay seguro y así todos quieren gozar, porque lo que vendrá mañana no es cierto y por ello se solicita el aprovecharse del momento». ¡Qué diantre de idea! Y no hay duda que hay mucho de verdad en ella. Decíame también: «Para que Cronstadt sea, bien hallo razón, mas para que Petersburgo sea, ninguna. Y si no, ¿qué capitales tenemos que sean fronterizas?». Hablando de que no dejan ver el Palacio de Mármol, decíame: «Y la prohibición es, dicen, porque algunos lo hallaban mal, como si el decir su opinión cada uno no fuese mejor que lo contrario».

A dos tiros de cañón, uno que anuncia cuándo se prepara la mesa y el otro cuándo está servida, marchamos a comer. Me hicieron sentar como el día anterior y hablamos de literatura y de la obra del Salustio que compuso el infante don Gabriel y qué gusto tenía éste por la literatura, etc. Me preguntaron aún por Nassau y yo dije que me parecía tenía un gran deseo de formarse un nombre en el mundo y ella me dijo bajo, que Eróstrato también lo había tenido. En fin, después de comer me despedí y él me convidó para que viese maniobrar un día su regimiento y ella para que fuese a Pavlovsk, el día de su marido, que era inmediato. Él me había ya también convidado para las fiestas inmediatas y así me dijo: «Ya ve usted, que yo no le he dicho nada a ella». Yo les di mil gracias por el honor tan grande que me hacían y me despedí. Tomé dos letras del conde de Puchkin, para que me enseñasen Zarkoie-Selo y a las tres partí.

Llegué a las cinco con una lluvia del demonio, mas sin embargo envié mi billete al comandante e inmediatamente vinieron los criados que abrieron todo el palacio. La escalera principal es mezquina al modo inglés. La gran sala, magnífica y con mil adornos de arquitectura y dorados, Cariátides, etc., de mal gusto, que no llevan pie ni cabeza. Los apartamentos de la emperatriz que vienen de acabarse, son riquísimos. Primero, una sala bastante grande incrustada de lapislázuli en las paredes y madreperlas en el pavimento, con columnas, etc. Segundo, un cuarto bastante estrecho en el gusto turco, con pintura encarnada de esmalte rojo sobre plata, que encandila y una cama arrinconada detrás de un parapeto que la cubre. Tercero, otro cuarto, también estrecho, por el mismo gusto, esmalte verde, etc. Otro cuarto pequeño, que tiene pequeños arabescos en las murallas por el gusto de los de Rafael, me gusta más. Cuarto, otro cuarto mayor que el antecedente, por el gusto antiguo con medallas, bajorrelieves, etc. Este es de mejor gusto.

Luego pasamos al baño que es un pedazo separado del otro edificio, aunque unido y éste tiene varios apartamentos a la manera antigua, muy ricos y de bastante gusto. Los bajorrelieves y medallas son bien escogidos. Sobre una chimenea está un bajorrelieve de Apolo y las Musas y en el otro, un sacrificio, creo. Abajo está el tanque para el baño, muy bien y más adentro un baño ruso, que no es mala cosa para la salud, particularmente en el invierno.

Subimos por una escala *alumaca* hecha con suma ligereza y gusto, que parece está en el aire, con su balaustrada en el gusto inglés por el señor de Camerón, arquitecto inglés y aquí vi colocadas cuatro buenas estatuas antiguas donde nadie las ve ni las oye, pues ésta es una escala excusada y así también hay mal colocadas otras copias en bronce del Apolo del belvedere, el Mercurio de Villa Médicis, etc., que se han vaciado en Petersburgo. Después pasamos a una gran galería cubierta o cripto-pórtico para pasearse en el mal tiempo, bien extensa y hermosa, con columnata y pórticos alrededor que comandan hermosa vista y el gusto y proporciones de las columnas orden Dórico, es muy bueno. Estas son de estuco, me parece. Luego pasamos a ver los apartamentos de la mano izquierda del palacio, que pertenecen a los grandes duques. Es una enfilada de salones con poca diferencia, como la generalidad de las de este palacio y malos plafones, excepto dos. Uno guarnecido todo de ámbar con bajorrelieves de lo mismo, la cosa más rica en su especie que he visto jamás, dádiva, según me dijeron, de un rey de Prusia y otro que contiene varios cuadros que guarnecen las murallas todas, unos de medianísimo mérito y otros bastante malos. Entre ellos consideré dos que representan la batalla de Poltava y la persona de Pedro I se conoce, muy bien retratada, como igualmente la de Tcheremetiev y Mentchikov, etc.

Luego está el apartamento que sirve de tribuna y da sobre la capilla o iglesia de la Corte. Los apartamentos en que duermen los grandes duques, no vi porque estaban cerrados y como llovía tanto, no quise detenerme a ver el jardín, dejándolo para otra ocasión. Me vine a casa donde llegué a las diez PM y encontré que Narischkin, el copero mayor, me había hecho un regalo de frutas e hidromiel. ¡Buenísimas gentes!

24 de junio
En casa leyendo y a las tres fui a la Línea inglesa, que llaman, donde vive el señor Raikes, a comer con él. Aquí encontré buena sociedad y estuve hasta tomar té. Luego en casa del señor Betzky, con quien cené y estuve en sociedad hasta las once, que me retiré a casa y quedamos en que mañana vendría su ayudante para ir a ver la Academia de las Artes y la de las Ciencias. A dormir.

25 de junio
Por la mañana vino a despertarme el *svoschik* y porque no le adelanté 50 rublos que pretendía, se marchó y me dejó a pie, sin embargo del contrato y de 25 rublos que tomó por delante. Marché a pie a las diez para ver la Academia de las Artes; de paso di una buena vista a la estatua ecuestre de Pedro I que me parece cosa sublime. El edificio es hermoso, de bellísima arquitectura y la idea de colocar el Hércules y la Flora Farnesio allí, excelente... y creo que éste es el verdadero punto de vista de ambos... al menos de ninguna parte me han parecido más bellos. Lástima que la fachada de este edificio no tenga plaza delante de donde gozar su verdadero punto de vista, pues el muelle que hay formado allí, aún es muy inmediato punto. La escalera y entrada es por un nuevo y gracioso gusto.

Subimos luego a la gran sala rotonda que está al frente y parece de muy bellas proporciones, que será magnífica cuando esté acabada. Dos grandes galerías que siguen colaterales al frente para el propósito de exhibiciones o galería de pinturas, son bien entendidas y magníficas. Bajamos al patio principal, que es de figura orbicular y buena y hermosa proporción, pudiendo servir de anfiteatro, para iluminaciones y muchas cosas. Adornado de buenas estatuas en bronce de las obras maestras del arte, sería un soberbio museo.

De aquí pasamos a la Fundición, donde se vacían en bronce las mejores estatuas de Italia, cuyos yesos en la mayor colección posee la Academia. Y vi la Flora Farnesio, que se acaba de vaciar muy bien por un artista ruso, que ingeniosamente, no pudiendo enterrar el molde porque se encuentra luego el agua, ha buscado modo de hacer subir el metal y sacarla así muy bien. El plan es de hacerlas todas en bronce y entonces formará una magnífica colección.

Visitamos con el Subdirector, señor..., que me acompañó muy políticamente, todo el edificio y alojamiento de los estudiantes, que bajo la dirección del señor Betzky, aquí se educan e instruyen —según el plan que se lee en el sistema completo de educación por él mismo— con la edición de 50, a más de los 300 del Instituto, que por cuenta del señor Betzky y a sus expensas se educan allí. Estos tienen un collarín verde en el uniforme que les distingue de los otros. Sus alojamientos, camas, mesas, comida, cocina, enfermería, etc., muy aseado y bien ordenado todo. Y la limpieza es una virtud que es necesario enseñar a esta nación, sobre todas.

Luego pasamos a la pieza del estudio del natural, que nada tiene de particular y después a las salas que contienen las piezas del arte y corren alrededor del patio, en las cuales se observan unas pocas pinturas o copias, algunos pájaros y animales al óleo de Groot, pintor de la Corte, que son buenos. Mas lo que es numerosísimo y bello, en los yesos de las mejores estatuas antiguas que hay en Italia y dan a este apartamento un aire de museo académico verdaderamente más rico que ninguno de los que yo he visto de la especie. Está allí la cabeza y cuello en yeso del caballo de Pedro I, que seguramente es colosal; es doble del natural creo y llena de fuego y espíritu su expresión.

Aquí se observa igualmente un pequeño rasgo de dibujo y una carta que lo acompañó para la recepción del gran duque actual, que le hace honor. Unos trabajos de flores y redes de pescar en madera, obra alemana, muy buena cosa y están en dos cuadros. En un cuarto separado vi con muchísimo gusto todo el mecanismo de cómo se condujo aquí la gran peña de granito que debía formar el pedestal de la estatua ecuestre de Pedro el

Grande y que mutilada indignamente lo forma hoy, de la cual me regaló el Subdirector tres estampas. Vi asimismo el modelo de un trineo con sus perros, de los Kamchatkas y otro de este propio edificio, que es seguramente el de mejor gusto de Petersburgo y es lástima no se haya ejecutado en materia más sólida que el ladrillo y estuco que aquí comúnmente se usa y no vale un cuerno.

A la una y media me despedí del Subdirector, que con mucho gusto me acompañó y me retiré a casa a comer. De paso estuve examinando la estatua de Pedro el Grande con cuidado y me parece cada vez mejor. Mas la actitud del héroe es afectada y sin duda la que tendría un comediante francés puesto a caballo, mas no seguramente la que conviene a un héroe, ni a Pedro el Grande, que en su modo era la simplicidad misma.

A casa a comer. A las cuatro tomé el coche de Levachov para ir a la Academia de las Ciencias donde me aguardaba el ayudante del señor Betzky. El bibliotecario, señor Backmeister, me acompañó con suma atención, primero a la biblioteca que está en un apartamento bastante bueno y bien reglada contendrá, según me informaron, 36 a 40.000 volúmenes, entre los cuales hay una larga colección de libros chinescos. Se observa allí una *orrery* inglesa muy buena y un reloj en figura de un gran huevo, obra de un ruso, en que ángeles y el sepulcro de Jesucristo aparecen y se esconden. El modelo de un puente de madera cubierto y solo de un arco, obra ingeniosísima y sólida de un simple carpintero suizo, que propuso erigirlo sobre el Neva.

De aquí pasamos al salón que contiene varios animales: un grandísimo elefante, una cebra, el caballo de Pedro I en Poltava, sus dos perros, etc., se notan por una parte. La marta cebellina, el zorro negro, armiño de Siberia y el glotón, por otra. Y la piel rellena y esqueleto de un haiduque de Pedro I, que era una persona agigantada y por eso lo trajo de Francia y lo casó aquí con la mujer más corpulenta que pudo encontrar y murió poco después sin posteridad.

Después, en otra sala en que está la célebre preparata de Ruysch y allí se ve, con suma delicadeza y destreza una progresión de fetos desde el momento de la concepción hasta que el infante está formado. Y se dice que una mujer, a quien el marido sorprendió en adulterio en Holanda y la mató inmediatamente, produjo el embrión primero de la concepción. Hay un niño que tuvo las viruelas en el vientre de su madre sin que ella sintiese ningún efecto y un cazo ruso, el mayor que puede verse jamás, que dicen era el de un monedero falso y es como el de un caballo pequeño.

De aquí pasamos a otro cuarto en que en una caja de plata se conserva la «Instrucción Legislativa» para un código de leyes de Catalina II, escrito todo de su propia mano, que hartaba de leerlo. Varias obras de marfil, como son una gran araña y los tornos de que se servía para ello Pedro I. También un juego de ajedrez torneado por la presente emperatriz y unas barras de hierro formadas por la mano de Pedro I.

En otro cuarto, sentado sobre una silla y vestido con un vestido azul de seda, medias encarnadas, está la figura en cera de Pedro el Grande, obra del conde Rastrelli, italiano. La peluca son sus propios cabellos y la cabeza está un poco inclinada a la derecha, según su costumbre natural. Allí se me informó que esta estatua había sido hecha en tiempo de su vida, otros dicen que después de muerto. Su estatura, que está marcada por un botón en la muralla, es de tres *archines*, menos dos *verschoks*, bastante prócer, mas las piernas eran delgadas en proporción y aun el cuerpo también. Allí está su uniforme: calzones a la holandesa, espada, espontón... bien grande, banda, gola, etc., sombrero, en la mayor simplicidad posible. Aquí estuve considerando este grande hombre por largo rato y revolviendo su singular historia en mi imaginación.

De aquí pasamos a un salón alto en que se ven infinitos ídolos de la China y Kamchatka, órganos chinescos que se suenan con la boca y dan un son extremadamente melodioso; vestidos de este pueblo mismo y sobre todo, los zapatos de las mujeres de una pequeñez inconcebible; figuras de los brujos que venden el viento, etc., sobre las costas de Noruega y Laponia, su color es agitanado y todo el vestido está lleno de pedacitos de hierro, clavos, etc.

En otra sala se ve un famoso ustorio y varios instrumentos astronómicos y marítimos pertenecientes a Pedro I. Unos modelos de navíos y entre otros, uno pequeño de 100 cañones, presente de un rey de Inglaterra. Un trineo de Kamchatka con la vara con cadenillas de hierro que hacen ruido, de que se sirven en lugar de látigo para animar y arrear los perros que sirven de caballos, siete ordinariamente y el guía es el más esencial.

Reentramos en la galería superior de la biblioteca y estuve examinando varios libros de los que componen la famosa colección de chinescos en esta librería, en número de más de 2.800 volúmenes, que es lástima no se trabaje a traducirlos. El papel está unido en dos hojas, pues solo por un lado se imprime y tan fino que es un prodigio, mucho mejor y más sólida y durable manufactura que la nuestra de Europa, cuando creemos que todo lo sabemos. Y asimismo una colección de mapas terrestres y celestes de la China, curiosamente trabajados sobre un papel semejante, mas que no entendemos tampoco por qué están escritas en chino. ¡Qué curiosidades tan singulares en este género! ¡Y qué lástima que no se trate de que las entendamos para ilustrarnos!

Volví a pasar por la biblioteca abajo y estuve observando varios medallones de hombres ilustres modernos —véase el ensayo sobre la biblioteca y el gabinete por el señor Backmeister— y me despedí, viendo antes el modelo de un famoso puente que se propuso fabricar en piedra sobre el Nerva y es realmente de toda magnificencia... mas si los hielos lo permitirían, es materia problemática y por esto se me dijo se había suspendido la ejecución. Eran ya más de las nueve, a tasa, donde mi criado me trajo una muchacha alemana de unos dieciséis años, que chapé y se fue por la mañana. Seis rublos la contentaron.

26 de junio

En casa leyendo y viendo que hacía hermoso día, me fui a comer al campo con el príncipe Kurakin. No estaba en casa y así me entretuve en ver sus estampas de las salas de Rafael en el Vaticano y descubrí que tenía crianderas inglesas, con quienes me entretuve hablando y pregunté si había libros. Ninguno, me dijeron, porque los señores no leen absolutamente. Estos vinieron y comimos en buen humor. Después conversamos mucho y les pregunté cuál era la idea de dar crianderas inglesas a sus hijos. No sé, me respondió la madre, porque es ahora esa la moda... y esto me parece que indica bastante la frivolidad del modo con que piensa la mayor parte de estas gentes.

Después de tomar té aquí, salí a hacer algunas visitas y después a casa del señor Betzky, con quien cené y tuve mucha conversación. A casa.

27 de junio
Estuve estudiando la mañana. Comí en casa con Levachov y después fui al campo a hacer algunas visitas. Primero a la viuda del montero mayor, señora Narischkin, que me recibió con mil agasajos en su toilette, saliendo a acompañarme hasta afuera después. Casa de Ostermann, que no estaba en casa. Ídem al conde Bruce, que tiene una muy bonita casa de campo y tampoco estaba en casa. Casa de la señora Narischkin, que tampoco encontré y así me fui a cenar a casa del señor Betzky, con quien y el conde de Münich —hijo del nombrado mariscal— que vive allí también y conoce a fondo el país, estuve en sociedad hasta las once.

Mi criado fue a buscar una buena moza y no apareció, con que a la cama.

28 de junio
Estuve a comer con el señor Betzky en familia y después nos quedamos hablando solos hasta las cinco, que vino la señora Ribas. Me enseñó éste una caja que la emperatriz le regaló, en que están figurados, en exquisita miniatura hecha en París, los cuadros que representan la conducción de la famosa piedra del pedestal de la estatua de Pedro I, la Escuela de Cadetes y la Comunidad de Doncellas nobles, muy bien todo. Me regaló asimismo la medalla en cobre que al suceso de la piedra hizo acuñar la emperatriz, mas, ¡qué cosas no me contó de las borracheras y crueldad de nuestro gran Pedro! Llevó a la emperatriz para que viese cortar la cabeza de su favorito Mons, lo que ella no le perdonó jamás. Hacía beber a todos y hasta las damas de la Corte, hasta que se embriagaban con aguardiente... y los que no se embriagaban decía eran unos bribones y los apaleaba, fuesen mujeres u hombres. Y cuando estaba así, que era casi todos los días después de comer, era cruel y atacaba aun los muchachos por pederastia, que él mismo se escapó varias

veces; mas en tocándose de empresa y perseverancia, entonces era verdaderamente grande.

Tomamos té, se habló mucho del país, cenamos y yo me vine luego a casa. Mi criado me trajo a una muchacha modista rusa, que chapa como un demonio y no debe nada en el fuego a las andaluzas. La chapé tres veces hasta por la mañana y contentose con 5 rublos.

29 de junio
Vino mi criado a las ocho y le dije que fuese a llevar a la moza y volviera al instante, pues yo debía ir a comer a Pavlovsk sin falta. Mas eran las diez y aún no aparecía. Tampoco el peluquero que Levachov se llevó. En fin, por un gran azar vino un criado que me envió la señora Ribas y éste me trajo un peluquero, con que me pude habilitar para partir a las once. Mi criado llegó a esta hora, tan borracho que ni podía hablar ni tenerse en pie. En fin, con cuanto esfuerzo me fue posible, llegué a la una y cuarto a Pavlovsk y por fortuna que estaban aún en el besamano. Yo besé la suya a la gran duquesa que me habló con sumo cariño; al gran duque no se la besan los extranjeros.

Después ambos vinieron a hablarme largo tiempo y preguntarme por qué no había venido los días anteriores, a que me excusé con moderación. Él me preguntó por Markov, cuya pasada conversación había ya llegado a su noticia y me dijo: «Aquí no lo verá usted jamás a ese sujeto». Ella quería que me enseñasen sus apartamentos y lo dejó para después. Fuimos a comer en una gran sala rotonda que estaba magníficamente preparada y después de comer ellos se retiraron.

La señora Tchernichev me convidó a tomar té en su cuarto, mas yo lo dejé para después y me fui a dar un paseo con Gayangos, oficial de marina, capitán de navío, que está aquí y me vino a hablar de suyo; está aquí para ir a Kherson y no lo dejaron partir cuando la emperatriz estaba en viaje. Este me explicó que Normandez estaba aquí aborrecido y que no teníamos influjo ninguno. ¡Cómo pueden respetar un hombre a quien han conocido poco menos que de criado de Lascy!

Después estuve en el cuarto de la condesa de Tchernichev, con quien tomé té y asimismo con la mariscala de Galitzin que deseaba conocerme, me hizo mil ofertas de su casa, etc. y me presentó a la condesa de Matuchkin, su sobrina, para quien yo había traído carta.

A las seis, todo el mundo de hombres apareció en Dominó y yo con el mío que alquilé en Petersburgo, 3 rublos, creo. Los duques salieron un poco después y fuimos a dar una vuelta por todo el jardín, durante cuyo tiempo hablamos continuamente y ella bailó algunas polonesas en los parajes destinados para que la gente de la ciudad bailase. Noté que siempre que él encontraba paisanos a la rusa, se quitaba el sombrero y cuando eran otras gentes, nada. Habría seguramente más de 6.000 personas de la ciudad.

Concluido este paseo vino la cena en el mismo paraje de la comida, el salón iluminado y ellos no se sentaron, sino dieron una vuelta alrededor y salieron. Yo hice un poco mi corte a las damas conocidas que había por allí y después bajé con Gayangos abajo para ver el fuego de artificio que iba a comenzar. No ha sido cosa, mas la iluminación no estaba mala. Ardían 60.000 candiles y faroles, todo con sebo. Vinieron líneas y yo tomé un asiento que un caballero me ofreció en una. Después vino Serra-Capriola y el barón de Keller, ministro de Prusia, a quienes hicimos lugar. Llegados allá nos apeamos y fuimos inmediatos. Al retirarnos, no hallé la línea en el mismo paraje, mas oí hablar al duque y me llegué para tomar mi asiento, que el ministro de Prusia ofrecía a una dama, porque el coche era de Monseñor, me decía y yo le cedí porque era para una dama, hallando extraordinario que el señor prusiano no ofreciese el suyo y sí el mío. Pregunté después al duque en público, quién era aquel sujeto, su compañero, porque yo aún no lo conocía y nombrándomelo, le dije que nos había instruido en una cosa difícil a saber y había sido generoso con lo que no era suyo. Habiendo primero dado otro gran paseo con los duques por toda la iluminación —mucho pueblo seguía para verlos y se le reprendía porque pisaban el césped; pobres gentes— a las doce me retiré a una casuca en el lugar, donde encontré muy buena cama y tranquilidad.

30 de junio
Vi por la mañana la parada de guardia que me pareció muy bien y después fui a Palacio, me hablaron los grandes duques y nos fuimos a comer. Yo aguardé la tarde por ver una pequeña pieza que la joven nobleza repetía hoy en traje

de labradores. Después de comer me fui a la casuca de Epinus, con quien hablé mucho de literatura y del país. Este me confirmó lo que el señor Betzky me había dicho de Pedro I; que la mariscala de Galitzin le había asegurado lo mismo y que del vientre de un hombre que había muerto de embriaguez, había sacado el aguardiente que contenía y lo bebían y nuestro héroe forzaba las damas a beberlo. ¡Qué cosas!

Pasé a ver un pequeño hospital que hay aquí y hallé que no está mal dispuesto. Contiene veintiséis camas con aseo y aire puro y tiene actualmente catorce enfermos bien asistidos, según me informaron. Pegado a la iglesia está un cuerpo de alojamiento para veinticuatro inválidos, que también visité y están con bastante comodidad alojados. De aquí pasé a una escuela para enseñar a leer, escribir y aritmética a los —hay veintiocho niños— hijos de los paisanos del lugar, instituida por la gran duquesa, cuyo ejemplo deberían imitar los amos de los demás y que le hace, en mi opinión, un honor infinito. Visité también una casa que está cerca de mi alojamiento, que es como alojamiento del comandante de la tropa y de su altura se logra una buena vista. Está, según me informó el gran duque, en el mismo paraje en que antiguamente existía una fortificación de Suecos.

El tiempo estaba lluvioso y así se aguardó hasta las siete que se dio dicha pieza en francés y con toda la afectación francesa que es imaginable. Una chica de Strogonof hacia de *poupée* muy bien. Acabado, me enseñaron un dibujo de un obelisco triunfal que se trajo allí y toda la compañía siguió a cenar en el templo en que la emperatriz está en Minerva. Yo entré y me despedí de ellos, pues no me quise quedar porque ninguno me ofreció asiento en el tiempo que se daba la pieza y la mayor parte estaban sentados. Me puse en mi coche y llegué aquí a medianoche.

1 de julio

Lo pasé escribiendo y estuve después a comer con el señor Raikes, donde estuvo también el señor Tooke, ministro de la iglesia inglesa aquí, con quien hablé un poco de literatura y me ofreció enseñar la biblioteca de subscripción, etc., cuando gustase. Acabado de comer me fui al Palacio de Invierno, que en

Pavlovsk me ofreció Orlov mostrar de nuevo por insinuación de Ostermann, que hasta entonces no me había hecho caso.

Fui allá a las cinco y corrí todas las piezas y cuartos de la emperatriz, la casa inmediata o tres distintas casas en que vive el príncipe Potemkin y al fin, el Ermitage otra vez. Aquí encontré al director de las pinturas, Martineli, que me acompañó a una segunda visita. Vi con gusto el busto de mi buen amigo el mariscal de Rumantzov, en mármol; las obras maestras que llevo mencionadas antes; el paraje donde se eleva una mesa secreta cuando la emperatriz come aquí; el teatro; galería que se forma de los arabescos de Rafael y varias antigüedades de Roma, imitadas en corcho, que están sobre los estantes de la librería, muy buenos. Otra vez, los muebles de caoba famosos que llevo citados.

La pajarera y jardín de invierno que es una delicia. La gran escalera del palacio que está hacia el río y así ésta, como, aquella fachada, están sin habitarse por ser sumamente frías. La capilla o iglesia, buena pieza en su especie, etc. Los apartamentos del gran duque que están a la izquierda, no me lo enseñaron por no tener yo su particular licencia. De aquí fui, cerca de las nueve, a casa del señor Betzky con quien cené.

2 de julio
Escribí por la mañana al almirante Sinevin para ver el almirantazgo y puerto de galeras, quien me dijo fuese a las once y todo estaría pronto. Con Gayangos, que se me ofreció, fui y el almirante Puchkin me vino a enseñar todo. Hay actualmente en grada dos navíos de tres puentes de 110 cañones, me parece me dijo el constructor que es inglés. Gayangos los encontraba demasiado cortos de quilla de 17 pies, según su rango y estrechos de boca. Se lo dije al constructor que me informó eran exactamente como el «Victory» de la Escuadra Británica. Mas ni por esas, nuestro español se fue en sus trece. Son estos hermosos navíos y los botarán al agua dentro de dos meses.

Me observaba el constructor que la madera aquí no era tan buena como en Inglaterra y que, aunque la mano de obra parecía más barata, no lo era tanto, porque el trabajo que en aquel navío hacían 300 hombres, a 5 kopeks, en Inglaterra lo harían sesenta buenos oficiales que costaban a 3 chelines y cuya obra era infinitamente superior, Corrimos la motorería, velería, banderas, etc. y vimos infinitos modelos de distintas embarcaciones y la en que Bentham viajó a Siberia, que sirve de bote y carruaje a la vez y algunas naves muy bien delineadas por la propia mano de Pedro I.

Montamos a la torre que se llama del Almirantazgo y sobresale por encima de toda la ciudad, formando en ésta la misma perspectiva que el obelisco de la Porta de Popolo forma en Roma. De aquí se goza la perfecta vista de Petersburgo, se ve Cronstadt y Zarkoie-Selo. Hay seis gradas aquí, una hecha en piedra por el almirante Knowles —el mismo del combate de Reggio— y se pueden construir hasta cinco navíos a la vez, no más. Todo esto se mudará bien pronto a Cronstadt, que es donde debe estar.

De aquí pasé al puerto de galeras solo —porque Gayangos no se sintió con fuerzas—, donde me aguardaban. Efectivamente, encontré allí varios oficiales; uno de ellos hablaba francés y había estado en Cádiz. Continuamos en ver dos grandes tinglados, en que hay hasta veintiún grandes apartamentos de cada lado, capaces de recibir dos galeras de frente y dos más atrás, esto es, cuatro cada uno. Encima hay su almacén que contiene las velas, cuerdas, palos, etc., de cada galera... de modo que no hay más que echarlas al agua. Montamos algunas para ver su construcción y hay en total en el día 98, que según el plan, deben llegar hasta 150, que a 200 hombres cada una, pueden transportar un ejército de 30.000 hombres. El canal que hay en el medio para recibirlas tendrá 14 pies de profundidad, según se me informó y ellas calarán de 10 a 12. Hay además catorce chalupas o medias galeras. Después en el canal de la entrada, hay cuatro yates de la emperatriz y un *prama* que visité interiormente, al modo de los nuestros en Gibraltar, aunque sin espesura en sus costados. También varios caiques al modo turco, de modo que entre todo hay 160 de estas embarcaciones en este puerto en el día. Vi un plano de dicho establecimiento que aquellos oficiales me manifestaron para darme cabal idea. Sentimiento liberal a la verdad.

De aquí partí a casa a toda prisa, pues eran cerca de las tres. Comí con Levachov y por la tarde a hacer algunas visitas. A cenar con Betzky. Un par de botas de material inglés me cuestan 15 rublos.

3 de julio
Por la mañana leyendo y escribiendo y a comer con el Caballero D'Horta Machado, que vive en una casa muy buena y de las más antiguas de Petersburgo, perteneciente al conde de Cheremetief, de Moscú. Comieron aquí dos oficiales suecos que vienen a cumplimentar a la emperatriz, de parte del rey de Suecia y me han informado de las Revistas de Finlandia lo mismo que el barón de Nolken y también un coronel inglés que ha servido en la India, coronel Baillie, que ha estado en las revistas últimas de Berlín y con quien hablé mucho. Después de comer me enseñó D'Horta su jardín, que es muy bueno para dentro de la ciudad.

De aquí me fui a ver el Arsenal que contiene 20.000 fusiles y 120 cañones montados de batallones con todos sus avíos. Hay aquí varios trofeos turcos y entre ellos un saco de terciopelo con las llaves turcas —muy mal hechas, de hierro— de Bender y de otras plazas. El famoso *drapeau* o bandera de los *strelitz*, con los ángeles, santos, diablos, infiernos, etc., pintados encima, que indica el estado de superstición de estas gentes. Modelos de varias plazas de guerra y uno de una ciudad persa, sumamente curioso para quien no ha visto plazas o ciudades de dicha nación y el modelo del nuevo arsenal que se construye en Kiev. Varias cubiertas en cobre de minaretes turcos tomados en Crimea. En el patio hay hasta 403 piezas de diversos calibres, muchas tomadas de los prusianos, poloneses, suecos, turcos, etc. Encima de una de ellas está figurado Lutero con el diablo que le ayuda por detrás, en contestación con el papa, que está en acto de argumentar con aquél.

Se ve allí también una estatua de bronce, casi de tamaño natural, de un paisano ruso desnudo, con barba y con una lanza en la mano, mandada a hacer por Pedro I en honor de este hombre, que encontrando un cañón ruso en Suecia, que aquellos habían tomado a estos, lo redimió con su dinero por patriotismo y le hizo presente al emperador, que recompensó su acción de esta manera, mandando colocar dicha estatua junto a la tal pieza.

A casa del señor Betzky y a las nueve, a cenar con Serra-Capriola en su casa de campo, a 2 verstas o tres de la ciudad. La duquesa parece haber sido hermosa mujer y aún es muy bien parecida. No aparece en Corte por etiqueta de no besar la mano. Le hablé un poco y me parece juiciosa y sociable. Después de la una, a casa.

4 de julio
Leyendo y respondí a Macanaz la carta adjunta.⁴

* * *

Hice visita a la condesa de Rumantzov que me contó muchas cosas de Pedro I, que confirman lo que los otros me llevan dicho. Y después a comer con el Cuerpo Diplomático en casa del señor Betzky, donde hubo su disertación sobre el chichisbeo, que Serra-Capriola sostuvo en buen italiano, diciendo que el Caballero tomaba la dama en la escalera y la soltaba allí otra vez.

Después de comer partí a Gatchina, donde quedé de ir para ver el ejercicio del Regimiento del gran duque y aunque partí de aquí antes de

---

4   **[Carta de Pedro de Macanaz a Miranda y su respuesta]**
San Petersburgo, 14 de julio de 17874.¹
Muy señor mío:
Enterado de que vuestra merced se ha presentado en esta Corte con el título de conde de Miranda, al servicio del rey mi amo, en el grado de coronel, me es indispensable el exigir de vuestra merced la patente o instrumento que lo acredite, previniéndole que de no hacerlo así, procederé contra vuestra merced a fin de que no haga uso de dicho uniforme.
Dios guarde a vuestra merced muchos años.
Besa la mano de vuestra merced, su más atento y seguro servidor.
Pedro de Macanaz
Señor Don Francisco de Miranda

Respuesta
Petersburgo, 4 de julio de 1787 v. e.
Muy señor mío:
No me faltarían medios con qué satisfacer la incredulidad o vanidad de vuestra merced, si el modo en que lo solicita fuese más propio o decente. La amenaza con que vuestra merced concluye es tan ridícula como grosero y despreciable el lenguaje que solo puede vuestra merced usar con los que tengan la desgracia de ser sus inferiores.
Dios guarde a vuestra merced muchos años.
Besa la mano de usted un servidor como debe.
F. de Miranda
Don Pedro de Macanaz

4.1
Macanaz utiliza, para fechar su carta, el calendario gregoriano (N. E.) que adelanta once días respecto al calendario juliano (V. E.) en vigor en Rusia. (Nota de Josefina Rodríguez de Alonso)

las cuatro no pude llegar allá hasta pasadas las ocho, porque el *svoschik* sirve mal. Cuando llegué se habían retirado Sus Altezas porque estaban fatigadas. Hallé allí al príncipe Kurakin a quien rogué hiciese saber que yo había llegado y me aseguró que Su Alteza estaba ya informada. Cenamos con las gentes de la Corte a las nueve y después procuré informarme si no había ejercicio mañana. Kurakin me respondió que no creía que lo hubiese y que en tal caso me avisaría. Fui sin embargo a informarme con el coronel Benkendorf —que ya me había dicho antes que no creía hubiese cosa alguna— y no estaba en su cuarto. Le dejé recado sin embargo de que me avisase si tal cosa hubiera y me retiré a mi cuarto dejando encargado al malísimo criado que tengo, de que si avisasen, a cualquier hora me llamara.

5 de julio
A las seis entró diciéndome que nadie había venido y a las siete, que allí había un oficial de la Caballeriza con un caballo, por si quería montar. Le hice decir que si había ejercicio, me dijo que no sabía nada y que si yo no quería montar se volvería a llevar el caballo; de que se infería que así por la hora tarde, como por no haber recibido aviso y haberle preguntado de parte de quién venía aquel caballo y decir que de parte de ninguno, que era solo para irme a pasear. Y así dije que para solo irme a pasear, no quería montar.

A las ocho sentí trompetas y salí inmediatamente y hallé un escuadrón que retornaba con los estandartes. Salí inmediatamente y hallé a Sus Altezas que me dijeron por qué había faltado, a que respondí lo que había pasado. Él hizo formar aquel escuadrón para que yo lo viese y después se retiró.

Yo estaba sumamente sentido del pasaje y es menester que intencionalmente se me hubiese querido engañar por algún bribón de aquellos cortesanos, que conforme ven una persona tratada con favor o distinción, al instante tratan de que caiga. Fui a casa del príncipe Kurakin para darle mis quejas y hallé que aún no había salido de su cuarto por enfermo. En este tiempo entró el gran duque y le expliqué mi asunto, mas comprendí, al decirme «era asunto convenido y le había hecho ensillar a usted un caballo, etc.»..., que no estaba muy satisfecho. Benkendorf también cayó enfermo, que es buena casualidad.

A mediodía conversamos y ella tuvo un largo discurso conmigo, en que se lamentaba de la educación limitada que se daba a las mujeres, de quienes se creía enteramente ajena la lógica, la geometría, etc., de modo que apenas se creía necesario el que pensasen... y muy bien por cierto. Por la tarde estuvimos a dar un paseo en línea y un escuadrón pasó en desfilada, muy bien por cierto. Luego llegamos a una cascada que se forma por una esclusa y en una tienda inmediata tomamos té. Vuelta a casa y de camino continuamos frivolerías. Después de cenar, cada uno a su cuarto.

6 de julio
Al otro día por la mañana, después de conversar algo y darme una orden para que viese ciertas obras de María I gran duquesa, en sus cuartos aquí, yo le pedí permiso para visitar las obras de Cronstadt y él me dijo que no era necesario el suyo, porque aunque yo veía que firmaba, nada podía tocar; que dirigiéndome en derechura al almirante Greigh me enseñaría todo... y el caso es, que él mismo aún no ha visto a Cronstadt. Me despedí y ella me dijo: «*Au plaisir de vous revoir*», mas yo partí con la idea de no volver más, pues no notaba consecuencia entre las expresiones finas y amistosas del primer día y la conducta subsecuente. Gatchina me gusta mucho por su construcción más sólida —de piedra toda la casa— y gusto en que está edificado y adornado el Palacio, que por mi elección preferiría a otros más magníficos.

Vine a Zarkoie-Selo para ver el jardín. Primero a la ruina de cuya altura que se sube sin fatiga, se goza de una hermosa vista; al Almirantazgo o donde se guardan los botes, en forma de casa holandesa; la columna Rostral, el pabellón de la mesa secreta, otro como de baño; el Apolo, creo, en que hay una inmensa colección de estatuas, bustos, etc. Voltaire está sentado en una silla arropado en un manto griego, de tamaño natural, en mármol. Diana, de tamaño natural, desnuda en el acto de correr, el c... un poquito abierto y sus carnes blandas y hermosas, bellísima estatua en el género de Pigalle, es de Houdon, artista francés, si no me engaño. Un grupo de tres niños que duermen, griego, es excelente; un busto antiguo, también de una ninfa griega, es soberbio y dos medallones antiguos que representan Alejandro Magno y su madre Olimpia, son de gran gusto y noble manera. Una copia en bronce que hay aquí del hombre que se saca la espina, hecho en la Academia de Petersburgo, es la mejor estatua, después del original, que yo he visto. Qué lástima que esta colección no esté bien ordenada en mejor lugar.

Al *Village* chinesco, cuyas casas están varias ya acabadas y en una de ellas está el modelo del todo, buena idea. Al puente chinesco, que es gracioso; al obelisco del mariscal Rumantzov, que es pequeño mas de buenas proporciones. Al puente en el gusto de Palladio, bello pedazo. Un puente todo de hierro en el gusto inglés e imitación del famoso de Inglaterra, tan ligero, sólido y gracioso que sobrepasa los demás en hermosura y es, seguramente, acaso el mejor rasgo de todo el jardín. Se hacen otros ahora por este mismo gusto allí. A la Pirámide en imitación de la de Cestio, más pequeña y dentro hay varias urnas antiguas e inmediato, por fuera, algunos epitafios de perros que se le han muerto a la emperatriz, de quienes los embajadores de Francia han sido los compositores. El Pabellón Chino, el Pabellón Turco, hermoso y el mejor entre los demás del jardín; el «resbaladero»; la columna en imitación del monumento de Londres, etc. y en sustancia el jardín, en conjunto, es una cosa hermosa y digna de un soberano semejante. Fatigadísimo tomé mi coche y para las diez estaba en casa en Petersburgo.

7 de julio
(Véase el día 13 siguiente. En este día ocurrió lo que digo abajo en el día 13 y no lo puse aquí por no recordarme cuando escribía los memorándums.)
 Hice algunas visitas por la mañana y por la tarde a tomar té con el señor Anderson. Después a casa del señor Betzky con quien cené y me prometió enviar orden a los palacios de Su Majestad en camino de Cronstadt, para que estuviesen a punto cuando yo volviese, con juego de aguas, etc.

Cronstadt

8 de julio

Partí de aquí a las siete y media de la mañana con mi coche y seis caballos para Oranienbaum, 40 verstas de aquí. El camino es excelente hasta Peterhof y tan adornado de casas de campo —la mayor parte palacios— y jardines por una y otra parte, que es una delicia. Hasta Peterhof hay 26 verstas y a Oranienbaum 14 más que componen 40 y este último camino no es tan bueno como el primero.

A las diez y media llegamos e inmediatamente se me ofreció un bote con diez remos, que por un rublo me pasó con mi criado a Cronstadt, 7 verstas de este paraje. Hacía gruesa mar y así no pude llegar hasta las once y media que desembarqué. Me dirigí a casa del almirante Greigh, para quien llevaba carta del duque de Serra-Capriola. No estaba en casa y así anduve rodando arriba y abajo para encontrar posada, hasta mediodía, que la hube de encontrar en casa de un alemán, pagando un rublo por el cuarto y otro por comida. Buen cuarto, sin embargo.

Comí a las dos y a las cuatro me envió su ayudante dicho almirante que había llegado de su casa de campo. Fui allá y me recibió con mucha civilidad. Tomamos té y después, en compañía del barón Pahlen, mayor de ingenieros y jefe allí, seguí con el almirante a examinar dichas obras. Tomamos el bote y fuimos primero al puerto del Este, en que están casi todos los navíos de línea y fragatas, muy bien colocados y mantenidos. Observé que la construcción es puramente Inglesa en su forma. Desembarcamos luego para examinar el muelle y parapeto, que era de madera y ahora se ejecuta en granito por orden de la emperatriz, con toda la solidez y magnificencia romana. Mas cuál fue mi admiración cuando sondeé aquí y hallé 35 y hasta 40 pies de profundidad. ¡Oh, Pedro el Grande!

Luego al puerto del medio que está casi vacío, sin más que cuatro buques y después al puerto del Oeste, que es el que sirve para abrigar todas las embarcaciones mercantes y hasta el número de mil que fuesen. Y en los otros dos se pueden mantener más de cien navíos de línea, 40 fragatas, etc., que es cuanto jamás podrá tener Rusia por su aspecto presente. Y si el comercio se aumentase mucho más, queda lugar muy conveniente y su puerta ya construida para formar otro por aquella parte. El parapeto se avanza a más de una versta a la mar y corre formando estos tres puertos y la circunferencia de la Plaza es 8 verstas, según me informó dicho ingeniero. Se trabaja en revestirlo todo de granito y hacerlo de mampostería desde el año de 1784 y es increíble lo que desde entonces se ha trabajado. La piedra se conduce de las islas de Viborg, en las costas finlandesas, a 40 verstas de aquí.

Paseamos todo el puerto del Oeste y examiné en los almacenes unas cureñas de Plaza, enteramente de hierro, obra de Escocia, muy buena y útil al parecer, pues se me informó que no pesaban mucho más que las otras. Aquí vi también un excelente bote a la inglesa que el almirante ha hecho construir para la emperatriz, que jamás lo necesita; muy bueno. Seguimos viéndolo todo y siendo ya tarde, a casa del almirante a cenar, quien primero me enseñó los planos en que pude formar cabal idea del puerto y arsenal y hacerme cargo de los proyectos. Hasta medianoche duró la conversación y yo resolví quedarme también mañana, pues hay muchísimo que ver.

9 de julio
Llovía a chuzos y así el barón, que debía venir a las seis de la mañana, no vino hasta las diez. Salimos hacia la máquina de fuego, que es soberbio rasgo. El cilindro tiene 5 pies 2 pulgadas de diámetro, trabajado en Escocia y armado aquí por un escocés, Smith, que en su tierra no era más que un herrador y en nueve días vacía el gran estanque que tiene 61 pies de profundidad... de largo y... de ancho y recoge cuantas aguas necesitan los demás canales y diques que son vastísimos.

De aquí pasamos a la cordelería, que tiene 240 brazas inglesas de largo y tres estados en que se trabajan cuerdas y cables de todas especies. De aquí pasamos a la torre de la iglesia que está inmediata, pues llovía y montando hasta el remate de ésta no con poca dificultad, gozamos de hermosísimas vistas por todo el golfo de Finlandia, Petersburgo, etc. Y dígase de paso que este viejo edificio de madera es sólido y de graciosa forma su remate, una corona.

Después entramos en una hostería rusa para ver comer allí los paisanos o mercantes y realmente estaba aquello decente, bueno y aseado y unos mozos jugaban al billar con muy decente manera... ¡Véase lo que vale el comercio para civilizar una nación! Entramos también en una tienda de víveres, vinos, etc., que estaba bien provista y aseada, por cierto y comprarnos dulces para llevar a los niños del almirante y nos fuimos allá para comer.

Después de tomar café, nos dirigimos a pie hacia el Gran Canal de Pedro I, que tiene una y media versta de largo, 105 pies de ancho y 38 de profundo; todo revestido de piedra, con sus compuertas de distancia en distancia para usar la parte que se quiera y con canales pequeños subterráneos para darle el agua gradualmente. Pueden construirse aquí, a la vez, trece navíos de línea y carenarse cinco, con una pequeña adición que está en el proyecto; actualmente solo se construye un navío de 80. Pocas obras se ven en el mundo y ninguna, me atrevo a decir, en arsenales, que imprima una más sublime y grandiosa idea que ésta, al verla la primera vez y es aquí donde realmente debía elevarse el coloso de Pedro el Grande, como el de Rodas, sobre un semejante pedestal.

Volvimos a pasear hacia abajo, pues yo no me harto de verlo y en el principio, o a la entrada, se ven dos pequeñas pirámides de madera en que hay una inscripción que dice entró el agua en él por primera vez, el año 1752, en tiempo y en presencias, creo, de la emperatriz, «*Elizabeth oc opus hic Labor*», dice.

De aquí pasamos a recorrer un poco el puerto de las embarcaciones mercantes, que a toda prisa también se reviste de granito hermosamente y hallamos que hay en él actualmente 500 embarcaciones mercantes de las cuales 228 son inglesas. Aquí encontré una embarcación de Salem, en la Nueva Inglaterra y perteneciente a mi amigo el señor Darby. El número de las que entrarán al año, según cómputo, es de 800 a 900. Pasamos después al yate de la emperatriz, que es muy bonito y su interior rico y elegante. Mucho mejor que los del puerto de galeras.

De aquí pasamos a los nuevos cuarteles que están construidos últimamente bajo la dirección del almirante, muy bien, por cierto y pueden contener cómodamente 10.000 y cuando el resto se concluya, hasta 30.000 que es cuanto puede necesitar la marina militar rusa. Enfrente están los alojamientos de los oficiales, con mucha comodidad y en situación de tener cada uno su tripulación a la vista. Comunes, cocinas y demás, muy bien dispuesto todo y con aseo, que es lo principal. Concluida toda esta estupenda obra, según está aprobada en el plano que he visto firmado del puño de la emperatriz, no costará más que 5 millones de rublos y será entonces la más suntuosa del mundo en su especie.

La escuadra, según me informó el almirante, consiste actualmente en 42 navíos de línea y 20 fragatas. El almirante se fue a despachar su correo y yo a cenar con el barón Pahlen, que me enseñó un plano de Troya con mil ruinas que yo no vi y otro de los Dardanelos, que yo vi y está bastante exacto. Tiene muy bonita colección de libros militares, históricos, etc. y me parece un oficial instruido. Tanto bebimos que yo casi me achispé. Me retiré a las doce.

10 de julio
Sopló el viento fuerte como todos los demonios, de modo que a las ocho de la mañana el agua había montado tres pies dos pulgadas, mas ningún descalabro resultó en el puerto, prueba de su seguridad y bondad. Almorcé con el almirante y después fuimos a ver los hospitales que están con mediano buen orden y aseo. En el total de 500 enfermos, 90 eran de gálico o *franchusqui*, como ellos dicen. Visitamos el alimento y demás, que no está malo. Y aquí observé una cosa que es muy buena y es de cambiar los enfermos en el verano, al hospital de verano, con lo cual el otro se blanquea, ventila y limpia para volverlos a recibir en el invierno. Estuvimos en el palacio o pequeña casa que habitó Pedro I, el primer edificio de esta isla. Está ya casi arruinado y es de madera; solo quedan allí aún las reliquias de una cama, un par de chinelas y un espejo que pertenecieron a aquel hombre extraordinario.

De aquí, pasamos al Observatorio y casa del Cuerpo de Cadetes, en que el señor de Montbilly, mayor de dicho Cuerpo, nos manifestó el Observatorio, escuelas, apartamentos, instrumentos, embarcaciones para instruirse en la maniobra, etc., pues los cadetes están ahora acampados fuera de la Plaza. Y así me dio la siguiente información: se compone el Cuerpo de 600 cadetes, de los cuales 200 son guardias marinas. Aprenden las lenguas inglesa, alemana, francesa y el ruso, por principios. En matemáticas se sirven de Euclides y del señor de Bouguer. Están divididos en cinco compañías de

120 cada una, que son comandadas por un capitán, otro en segundo, un teniente, un segundo teniente y alférez. Los tres primeros oficiales son de la marina y los otros dos de batallones de marina que campan en ellos, para enseñarles el servicio de tierra. Hacen cuatro horas por la mañana y cuatro a la tarde de estudio en sus clases respectivas. Hay setenta y tres que son supernumerarios y éstos solo asisten a las clases, pues viven fuera hasta que haya vacante. Se reciben a la edad de siete años y no salen hasta la de diecisiete, debiendo hacer primero dos grandes campañas en la mar, esto es, fuera del Báltico, o tres pequeñas antes de que pueda ser hecho oficial y se examinan sobre treinta y tres artículos o materias diversas.

Fuimos a comer a casa del almirante y concurrieron el almirante Kruse – capitán de bandera que fue de Spiritof, cuando éste se voló– el comandante de la plaza, brigadier Bergmann, el conde de Galovkin, joven voluntario que se embarca en la expedición que está para salir a las órdenes del capitán de navío Moulousky. Fuimos a ver aún el puerto para galeras o pequeñas embarcaciones, pues no tiene más que 14 pies de agua y es fortificación al mismo tiempo para defensa de la entrada, construido sobre un banco o bajo fondo y se trabaja igualmente en revestirlo de granito según el gran proyecto, el cual estará ejecutado dentro de diez años. Trabajan diariamente ahora 2.000 hombres.

Fui en el coche del almirante y con el brigadier Hanikov, que habla un poco de francés, al campamento de los cadetes de marina, que es a 3 y media verstas fuera de la fortificación. Vimos éste que estaba casi inundado y tomando con nosotros al señor de Montbilly, nos fuimos hacia la extremidad de la isla, 4 verstas más adelante, en que está la aldea de Torboujin y al extremo el fuerte de Torboujin que visitamos y no es otra cosa que un gran reducto casi arruinado, que rechazó un desembarco que los suecos hicieron en esta isla. Su comandante, el mayor Souainovitch, que tuvo un lance cuando joven con Orlov, en que en la oscuridad le hirió a traición, vive en una casuca y un jardín inmediato. Al pasar nos convidó a tomar café y así fuimos allá y pasamos una hora en ver su jardín, casa miserable, niños bastardos que hace en abundancia, etc. Habrá sido un hermoso hombre y su talla es muy prócer.

De aquí nos volvimos por el propio camino y observamos el paraje en que se prueban los cañones y sobre la derecha, antes de llegar a la plaza, una pequeña casa de madera que el viento fuerte de hoy ha continuado de arruinar y era la casa de campo de Pedro I. Llegamos a casa del almirante, con quien tomé té, me enseñó un plano de La Habana como estaba cuando la tomaron los ingleses, los ataques que éstos hicieron, etc., levantado por él mismo que se halló de capitán de navío, creo, o de tropas de marina en todo ello. Me enseñó asimismo toda la campaña de los rusos en el Archipiélago y mil anécdotas interesantes, pues él era capitán de bandera de Orlov y si éste no toma la resolución de tomar el mando, Spiritof y Elphinston no querían obedecerse uno a otro, de modo que así vino a ser el director de las operaciones Greigh.

Hay también un pequeño edificio a la mar aquí, en que se guarda, con exclusión aún del propio almirante que no puede entrar, el secreto de remediar a las piezas de artillería que tienen escarabajos, etc., cuyo secreto se lisonjea Rusia que lo sabe únicamente. El almirante me dijo que él no creía nada. En cuando a la población, me aseguró que había en la isla 30.000 hombres y con mujeres, niños, etc., puede ser hasta 50.000. Me despedí con mucha cordialidad de esta buena gente y a las seis de la mañana, me dijo, tendría su falúa a mi puerta.

Oranienbaum

11 de julio

A las seis y media partí. Estaba el tiempo en calma y serena la mar y así, al remo, llegue a Oranienbaum, 7 verstas en una hora. Mis *svoschiks*, que estaban en la taberna me detuvieron en buscarlos. Después pasé recado al comandante de este Palacio, que inmediatamente envió un criado a la Corte con las llaves para enseñarme todo, pues estaba ya prevenido por el señor Betzky.

Los apartamentos del Palacio no son cosa, mas la situación es bella y comanda una hermosa vista en el golfo; era éste un Palacio del favorito de Pedro, Mentchikov. De aquí pasamos a un pequeño edificio separado que contiene una colección de malas pinturas. Una de ellas que representa el retrato de Carlos XII, de figura entera con su sombrero bajo el brazo y apoyado sobre su espada, es interesante y buena. Este, sospecho, es el más idéntico retrato que existe de este alocado hombre, que estuve considerando largo tiempo. Inmediato y separado también, está un teatro de mad[a] que actualmente componen.

De aquí pasamos a la casa chinesca que llaman, habitación que fue de la actual emperatriz, cuando era gran duquesa y pasaba sus trabajos. En el día está elegante y magníficamente compuesta y hay piezas en que el mobiliario y adornos son cosas puramente de la China... muy interesantes por esta razón. En el plafón del salón principal están representadas unas nupcias chinescas por un pintor italiano, no mal y todo el conjunto de este alojamiento está dispuesto con gusto y magnificencia.

De aquí pasamos al Castillo que llaman, una pequeñita fortaleza que Pedro III hizo cuando gran duque, para su diversión, en un sitio elevado de dicho jardín. Tiene sus cuarteles para la guarnición y su casa para el gobernador, que era el lugar de sus delicias con su querida. Allí se ven varias pinturas en el género alegre y voluptuoso y la cama en que durmió el día antes de su deposición. La casa es pequeñísima y el todo anuncia la puerilidad absolutamente.

De aquí bajamos al resbaladero en que se corre con los trineos hechos al propósito, cuyo edificio y aparato está hecho con la mayor magnificencia.

Hay una columnata por una y otra parte de cerca de una versta, que forma dos larguísimos pórticos y dos larguísimas terrazas, para acomodar más de 15.000 espectadores con su pabellón regio en el medio de la parte superior. Mucho he sentido no haber tenido ocasión de ver esta singular diversión.

De aquí marché por las alturas en busca de la más elevada de todas, que me pareció desde Cronstadi: debía comandar una vista tan vasta como la de Chamiligia, en Constantinopla y el almirante Greigh me confirmó en la idea diciéndome que, efectivamente, era la más hermosa vista, acaso, de todo el Imperio ruso. A 7 verstas de camino llegué allá y hallé que aún subsiste un jardín imperial que Pedro I hizo formar con designios, sin duda, de hacer allí un palacio que por sus vistas, sería el primero en Europa. Se llama este sitio o montaña, Bronna y de aquí gocé la más extensa, variada y agradable perspectiva que quiera imaginarse, ya de las embarcaciones que entran y salen en el golfo, ya de Petersburgo, Cronstadt —que parece estar a los pies en un plano—, costa de Finlandia, etc. El jardinero me dio un poco de fruta, leche y pan, con que hice una comida pastoril y agradable. Hay sobre estas alturas dos aldeas cuyas gentes, por hábito, no gustan seguramente de lo que a mí me encantaba.

Con disgusto dejé esta hermosa situación y me volví a Oranienbaum por el camino bajo, inmediato a la orilla del mar, en que se encuentra otro casino pequeño de la emperatriz, llamado «Mon repos», creo y la casa del almirante Greigh que le dio la emperatriz y otra, más inmediata a Oranienbaum, de Galovkin, que actualmente habita el señor Raikes, mi conocido. Seguí hasta Peterhof, donde llegué a eso de las dos PM.

Peterhof

Las fuentes corrían y todo el Palacio estaba a punto, que me aguardaba desde hace dos días, con toda la librea de la emperatriz en gran uniforme. Vino el barón de Witt con excusas de parte del comandante Dolgoruky por no haberme aguardado respecto que la emperatriz debla llegar hoy a Zarkoie-Selo y había ido a recibirla, dejando a él encargado de manifestarme todo. Di mil gracias y seguimos por los apartamentos que son muy buenos y ricos. En uno se ve el retrato del desgraciado Pedro III entre varios otros de los soberanos de este Imperio. La función de Tchesmé, combate, asunto de la isla de Lemnos, etc., se ve representado en seis grandes cuadros en otro apartamento. El salón de baile es magnífico y rico.

Después pasamos a los nuevos apartamentos de las tres pequeñas grandes duquesas que ha hecho hacer últimamente la emperatriz y son bastante cómodos y extensos. Después a la iglesia o capilla que está sobre una ala y se comunica por una terraza. De aquí bajamos a ver los juegos de agua que son estupendos y magníficos, con muchísimas estatuas y una abundancia de aguas que no se encuentra en ningunos otros. Dos gladiadores que se baten con una pistola cada uno, echan por ellas un chorro de agua que se cruza a una gran distancia y un Sansón, que en medio del tanque desquijara un león, echa por la boca de éste un soberbio chorro que monta nueve *sajenes* y medio. Cerca hay dos pequeñas logias cubiertas y en la derecha hay una «Caza» que gira como un carrusel y pájaros que cantan y mueven las alas por una máquina hidráulica y detrás un pequeño estanque donde varios patos de madera dan vueltas y graznan por medio de otra. En la de la izquierda está un órgano.

De aquí fuimos al Casino, o habitación, que está cerca de la orilla del mar, hecha por Pedro I, que se llama «Mon plaisir». Aquí noté, entre otros, un pequeño cuadro holandés de una *débauche*, en que nuestro héroe, en su vestido vulgar de Maese Pedro, bebe y hace el amor a su griseta o paisana holandesa... el retrato no puede ser más idéntico. Se ve aquí igualmente la cama y tederos que servían a dicho soberano, que por todo este ajuar, se ve vivía en la mayor simplicidad posible. Hay una terraza a la orilla del mar y bajo de un árbol grande hay un pavimento en que se pone la mesa para almorzar. Se ve aquí una muy aseada cocina en que la emperatriz Elizabeth, que gustaba de ejercitarse, hacía cosas de comer.

De aquí pasamos a Marly, que llamaba Pedro I; es un casino construido entre dos grandes estanques, en el cual hay una mesa secreta y una cama que sirvió a dicho soberano. Echamos varios pedazos de pan que allí me dieron preparados y muchos grandes peces, a quienes llama con una campanilla a la hora de comer el jardinero, acudieron inmediatamente y se lo comieron todo. El jardinero mayor vino aquí y me trajo, o presentó, frutas del jardín en el modo más civil y atento... escuela de la caballerosidad del señor Betzky.

Seguimos nuestro camino hacia el baño, que es un grandísimo y magnífico tanque, con un pabellón al remate para desnudarse y circuido de muros, cosa hermosa. Me jugaron algunos *scherzos* de agua en el jardín de flores de «Mon plaisir» y en un árbol fingido que está en otra parte.

Fuimos de aquí a ver una nueva fuente que ha hecho esta emperatriz y forma una perfecta pirámide de agua que se eleva y disminuye cuando se abre o cierra la llave del conducto, que es una hermosura y el mejor rasgo de su especie que puede verse. A poca distancia se ven también dos fuentes en imitación de las de San Pedro en Roma, hermosísimas y es lástima que sean ejecutadas en madera. Las estatuas de mármol que forman las fuentes de Adán y Eva desnudos, son de mediano mérito y el conjunto de estos jardines es magnífico y agradable sin disputa, así el soberano no tuviese otro, que entonces lo cuidaría mejor y lo perfeccionaría.

De aquí pasamos en *trusky* a la fábrica de pulir y abrillantar piedras de la emperatriz, que está pegada a dicho jardín y allí vi los ricos productos de la Siberia en piedras, mármoles, etc. Las máquinas se mueven con bastante facilidad y son sumamente simples. Dijimos adiós al atento director y fuimos al jardín inglés que se está acabando de formar a una versta de éste. El terreno es el más a propósito que quiera buscarse y el jardinero, un hábil inglés, que va formando una gran composición en este género. Estuvimos en una choza figurada, cuyo interior es el más elegante y bello. Vimos por allí excelentes grandísimos pedazos de petrificación que es lástima se traten con poca consideración y una gruta que están formando está toda incrustada y cubierta de estos... que el señor jardinero no conoce lo que valen, seguramente y de quien me contó el barón varias peculiaridades, como de apenas quitarse el sombrero cuando hablaba a la emperatriz, de no hacer caso de nadie, etc. Si no hubiera estado tan de prisa lo hubiera visitado sin duda.

El Palacio que aquí se construye demuestra sumo gusto en su exterior y va también a la manera inglesa. De aquí nos volvimos, bien fatigados de pasearnos y bien mojados, a casa del barón que me dio una taza de té y me repitió sus instancias para acompañarme a Strelna, que no está más que a siete verstas. Viendo su modo amable y buena voluntad, acepté y despidiéndonos de su mujer, que es buena moza, partimos en mi coche. Llegamos allá después de las siete.

Fuimos primero a una sierra de agua para madera, perteneciente a un particular y de aquí a pie por el jardín al Palacio de Madera de Pedro I, el mejor edificio que fabrica, aunque no es más que una casa regular de campo. Yo la preferiría, sin embargo, para vivir, a todas las demás que llevo dicho y sus apartamentos están muy bien amueblados y todo bien entretenido. La princesa Daschkov ha vivido aquí últimamente, con permiso de la emperatriz. Muy cómodo y agradable el interior y se ve allí aún la mesa en que daba de comer a embajadores, etc., este soberano, con la misma sencillez que lo demás.

De aquí pasamos al invernadero o gran invernáculo, en que se guardan muchos y riquísimos árboles frutales. El jardinero mayor, muy políticamente, me presentó cuatro canastillos que gusté y hallé mejores que ningunos otros. Inmediato observé un grandísimo árbol, muy hermoso y copado, bajo el cual suele merendar la emperatriz y se han practicado asientos para el efecto. Seguimos a ver el Palacio de Piedra, que está en una bella posición junto al camino real. Este está abandonado y casi arruinado antes que se hubiese siquiera acabado. La arquitectura es buena y las vistas de arriba, hermosas; me dijeron que el arquitecto se había ahorcado cuando el edificio estaba en este estado y así se quedó por superstición. No hay duda que ésta es situación preferible para ello a las demás, de que se infiere que Pedro I se entendía mejor a estas cosas que sus sucesores. Se ve allí el canal comenzado para comunicación por agua con Peterhof, que era como un apéndice de Strelna. En unos apartamentos bajos de este inconcluido edificio, se conservan varios muebles que estaban en el Palacio de Madera, pertenecientes a Pedro I, como son: sillas, cortinas, cornucopias, cama, mesas, etc., que todo confirma su sensato y sencillo modo de vivir.

Despidiéndome con mil expresiones de agradecimiento de mi civil y político barón de Witt, tomé mi coche que hallé lleno de frutas, que sin remedio me hicieron traer y, sin embargo, insistí en compartir con el barón, que aceptó la mitad. A las once llegué a mi casa fatigadísimo. Tomé té y a la cama.

San Petersburgo

12 de julio
Supe que la emperatriz había llegado ayer tarde a Zarkoie-Selo y yo estuve a dar las gracias y a comer con el señor Betzky. El príncipe Potemkin no ha venido. Después de comer, pasé a visitar a Cobenzl y Ségur, que no estaban en casa y después a Fitz-Herbert, que tenía mucha compañía a comer y así no entré. Fui a ver si el doctor Rogerson estaba en la suya y no había venido aún. Al retirarme lo encontré en la calle que justamente llegaba y hablamos poco y cariñosamente; lo dejé por discreción.

Me fui a casa del señor Anderson y Moubry, con quienes tomé té y estuve en conversación hasta las nueve, que fui a casa del doctor Guthrie con quien tuve larga conversación literaria. La mujer y una joven francesa nos dieron una disertación sobre el amor, curiosa. Me prestó dicho doctor la obra del señor John Howard —mi conocido de Zante— sobre hospitales y prisiones, que me he puesto a leer con sumo gusto y admiro verdaderamente la paciencia, exactitud y entusiasmo con que este héroe entusiasta de la humanidad ha trabajado en su causa. A casa a medianoche.

13 (7) de julio
Me hizo advertir el señor Betzky que me aguardaban en la comunidad de las Doncellas Nobles. Me vestí a toda prisa y marché para allá. Llegué a las diez y media y ya me aguardaban. Luego que entré vino a recibirme una directora, la señora Manactina —livonesa, muy bien parecida y dos doncellas de unos dieciséis años, la señorita Lutavinos y la señorita Política, que hablaban muy bien el francés y me dieron la mano con suma amistad y cariño. En medio de tan buenas guías seguimos, primero a ver el alojamiento de las burguesas, que está con separación y luego el de las nobles que es más magnífico.

Visitamos todos los dormitorios que son aseados y bien ventilados, aunque mucha gente junta. Luego los refectorios, con sumo aseo, propiedad y sobriedad; beben agua solamente. Luego las cocinas, con sumo aseo también y no hay una vasija siquiera de cobre; tanto mejor. Luego la ropería, en que, con el mejor orden y por numeración, está toda la ropa blanca en grandes armarios. Luego a la gran sala de baile, etc., que es hermosa. Luego por todas las clases de lenguas, dibujo, geografía, etc. Estuvimos por último en la mayor de la cuarta clase, en que la superiora, señora Lafond, me recibió con suma política, excusándose por no haberme podido acompañar. Aquí noté una buena pequeña colección de libros de historia, geografía, etc., en francés. Pasamos a un cuarto inmediato y allí cantaron y tocaron un poco algunas señoritas que la superiora llamó para el caso. Después fuimos a un gabinete en que se depositan las obras de las discípulas del convento y se notan bastantes buenos rasgos de escribanía, dibujo, obras de marfil, bordados, etc. y me regalaron una cartera muy bien trabajada. Hay también aquí varias máquinas para darles noción de física experimental.

La superiora, que tiene muy nobles modales, se despidió aquí con excusa de su edad avanzada y me recomendó a mis antiguas guías y seis doncellas más que se unieron a la comitiva, en cuya compañía seguimos a la iglesia que es bonita y después al jardín, donde me regalaron muchas flores y en una pequeña granja que hay allí tenían preparado un buen almuerzo con leche, frutas, etc., que comimos muy gustosos con aquellas buenas muchachas y algunos maestros del colegio que nos siguieron. Esta granja está montada a la holandesa y con tanto aseo como en Holanda mismo.

Después fuimos a pasearnos en una galería cubierta, que para el propio efecto hay en dicho jardín, con vistas sobre el Neva y es un muy bello rasgo de arquitectura. Aquí estuvimos un buen rato paseándonos y en tan agradable sociedad con estas muchachas, que no me daba gana de dejarlas. Mas por fin me despedí cerca de las dos PM, dándoles mi palabra de que volvería a verlas antes de partir. El número de éstas consiste en 250 nobles y 240 burguesas y el señor Betzky mantiene a sus expensas cuarenta. Por lo que toca al método, regulaciones, etc., véase el sistema completo de educación, en que todo está muy detallado. Y seguramente puede decirse que éste es el más magnífico y bien regulado instituto de su especie en Europa.

El señor Betzky, el fundador y director de todos estos establecimientos, está disgustadísimo en el día, por varias alteraciones que han hecho de sus planes y estar fuera del favor de la Corte, etc. Por la tarde fui a ver campar el Cuerpo de Cadetes de Artillería e Ingenieros que dirige el general Melissino y está muy bueno, acaso demasiado refinado el vestido.

(Esta jornada se pasó el 7 anterior, miércoles y no hoy. Por equivocación se puso este día).

14 de julio

Tuve la falúa del señor Betzky y me fui a las diez a la Fortaleza. Al entrar por la puerta floté dos marcas en la pared sobre una lápida de mármol, que manifiestan hasta qué altitud llegó el agua en las dos últimas inundaciones que ha sufrido esta ciudad. En la primera se levantaron las aguas del Neva 8 pies 5 pulgadas y en la otra, 9 pies 11 pulgadas, según dicha inscripción y nótese que este río aquí no tiene banco o altura ninguna casi en sus orillas. Entramos en la iglesia que es construida en el gusto italiano, obra de Pedro I. Aquí se observan los sepulcros de éste, su mujer Catalina I, Ana y Elizabeth, cubiertos con paños de seda bordados, en el gusto de los de Constantinopla, al modo oriental. En un relicario se enseña una cruz griega de marfil, hecha a torno por Pedro I, que parece gustaba mucho de tornear. Subimos al alto del campanario, que comanda una completa vista de dicha ciudadela y de casi toda la ciudad, sus alrededores, etc.

De aquí fuimos a ver el pequeño bote llamado el «Pequeño Gran Sire» que dio la primera idea de navegación a Pedro I y se conserva aquí, en un cuarto hecho expreso, por memoria. Los cuatro remos, velas, cañoncitos, palos, banderas y aún el gran pabellón de gran almirante están allí igualmente y lo que me pareció particular es que dicho bote está forrado en cobre, como si entonces ya se hubiese conocido esta invención. El oficial de guardia con su propia mano abrió y cerró la puerta, pues sin duda se hace responsable de este tesoro.

De aquí fuimos a ver la Casa de la Moneda, en que su director nos enseñó todo. Primero, todos los cuños de las medallas de Rusia que se han abierto con diferentes motivos. Su número es 107. Otras que se trabajan sobre la historia de Rusia, con la denominación de medallas históricas y son hasta el día, cincuenta y ocho; irán hasta el número 1.000. Se ve allí igualmente una completa colección de cuños de acero de las monedas corrientes del país. Me enseñó una gran medalla de oro que se acaba de acuñar al suceso del viaje de Su Majestad, donde se ve el país que ha recorrido, ríos, etc. y hasta el Mar Negro, muy bien por cierto. Es una de las mejores que he visto. De aquí pasamos a ver acuñar, cortar, cordonar, etc., varias piezas de moneda por el método ordinario, sin que en las máquinas se observe particularidad alguna. Una hay para acuñar con agua o caballos, que me dijeron era idea de la emperatriz, mas no se usa porque dicen que no imprime justo y no vale nada. El director me informó que se hacen aquí hasta 5 millones de rublos al año, en oro y plata y que trabajan 70 hombres diariamente.

Me fui a comer a casa, pues aún no me había vestido y por la tarde a las cuatro volví a tomar la misma falúa con el ayudante consabido y el mío —el señor Boborov, ayudante de Levachov, que vive en casa y habla francés— y marchamos. Primero a la casilla de Pedro I, que es una casuca de madera, la primera que habitó dicho emperador aquí y según aquel hombre me informó, era primero una choza de pescadores. En el día está preservada por un techo y pilares exteriores que la incluyen para preservarla, como la casa de Loreto en Italia. Nada hay interiormente y en la parte exterior, bajo los arcos y techo mencionado, arrimado a esta casa, se observa un mediano bote de madera arruinado que fue construido por el mismo Pedro I. Esta casa está en gran veneración entre las gentes del pueblo y no dudo que en otros tiempos estuviese santificada. Para mí es de más respetuosa memoria que todas las canonizaciones juntas.

De aquí pasamos a los hospitales de Marina y Ejército que están juntos cerca de aquel paraje, obra de Pedro I y pueden ambos recibir hasta 1.400 enfermos a 700 cada uno. Vi las salas que están ahora desocupadas y las blanquean, pues aquí hay la buena costumbre de cambiar los enfermos en verano a otro hospital; así se ventilan y limpian éstas, que me parecen bastantes buenas y capaces. Pasamos a los apartamentos o salas de verano que están construidos en un prado circunvecino, separadas unas de otras, de madera y con separación del Ejército y Marina. Me acompañó el cirujano en las primeras, que no me parecieron mal dispuestas y estaban ventiladas, mas no muy aseadas. En las primeras, todos me decían, cuando preguntaba qué enfermedad tenían, *franchusqui*, que quiere decir francés. El número de enfermos en el día en éste, son 650, sobre los cuales 200 con gálico y 200 escorbúticos.

Pasé a la Marina, cuyas salas me parecieron efectivamente más aseadas y regadas con cogollos de *spruce*, que mejoran el aire, mas hay demasiados juntos y no sé por qué, pues sobra alojamiento; alguna rapiña, sin duda. El cirujano me informó que sobre 260 enfermos que tenía, 65 eran gálicos y 30 escorbúticos. Hay sus baños bien dispuestos también para los enfermos, mas el terreno es sumamente húmedo y cenagoso. En la parte superior del edificio este, hay una sala de anatomía en que esta ciencia se demuestra a 50 estudiantes para el Ejército y a 30 de la Marina, que a expensas de Su Majestad se instruyen aquí y además los que quieren concurrir al estudio solamente. El aparato éste no es muy aseado, aunque tienen allí buena colección de instrumentos y preparaciones anatómicas *quanto basti*.

De aquí seguimos en nuestro bote montando el río, mas viendo que el viento nos era contrario y largo el camino para llegar hasta la fábrica imperial de porcelana que está a 10 verstas, cambiamos de resolución y nos dirigimos al convento de San Alejandro Nevsky. En nuestro camino nos divertimos, viendo el suburbio de Ojta, cuyos hombres trabajan en la Marina y las mujeres traen leche a la ciudad; apenas se pueden imaginar casucas más infelices en ningún villorrio. En ver el hermoso palacio del conde de Bezborodko que cae al río y está muy bien situado. Cuando esto, nos indujo a hablar de la población de Petersburgo y preguntándole su opinión al ayudante del señor Betzky, que es sabiondo, nos dijo con aire magistral que llegaría seguramente a dos millones por lo menos. Nosotros soltamos la carcajada y él se retractó un poco, aunque no en el todo. Según Epinus, no hay más de 120 a 130 mil almas en Petersburgo y es increíble la poca gente que se ve por la calle.

Llegamos a dicho monasterio que está justamente al remate de la ciudad y pasamos por el cementerio en que se observan los sepulcros de muchas familias de la gran distinción aquí y sus adornos, ya en bronce, ya en mármol, no están destituidos de buen gusto. Uno en gran forma se eleva ahora con magnificencia a la persona de un mercante riquísimo, llamado Zabaquin —esto es, perro— cuya superioridad, sin duda, no será agradable a los boyardos.

Luego entramos en la pequeña baja iglesia en que reposan las cenizas del débil Pedro III y luego a la que está encima, en que hay un altar todo de plata maciza, que será difícil encontrarle su igual, así por el gusto como por su riqueza, en ninguna otra parte, bien que su ejecución podía ser mejor, cosa magnífica, por cierto y me estuve allí gran rato considerándolo. Luego pasamos a la iglesia grande que se construye actualmente en el gusto de Italia y según se puede juzgar, anuncia gusto correcto y magnificencia. Yo monté hasta arriba por si podía ver algo de la gran cúpula que se pinta, mas el maderaje es tan espeso que nada se puede juzgar aún; sin embargo, los pequeños adornos que vi me parecieron muy bien. Al jardín, que está abandonado.

Nos volvimos a embarcar y descendimos el río sin encontrar cosa notable y ni aún gentes que se paseen por el agua. ¡Mal haya la alegría de Petersburgo!

Entré en casa del señor Betzky a las nueve, hallé que acababa de llegar de Zarkoie-Selo un poco malo, según me informó la señora Ribas y que mi amigo Mamonov le había preguntado por mí y recomendándome. Esto me da a entender que no he caído en desgracia, mas ¿cómo comprender la falta de las cartas y no darme respuesta aún? ¡El corrido lo dirá!

En casa, donde tuve una moza rusa; la chapé y se fue. Hoy debutó aquí madame Huss —que viene de Estocolmo— en la tragedia de *Zaire* y dicen que muy bien. Yo no la he visto.

15 de julio

Tuve carta del coronel Benkendorf en que me convidaba a comer al campamento de su regimiento y a ver un ejercicio después. Fui a la hora regular y hallé una mediana asamblea del Cuerpo Diplomático. Se comió *more militari*, bajo de una tienda y después vino el ejercicio por 800 hombres de su regimiento, que desplegaron, formaron en batalla, hicieron varios fuegos, etc., con mediana destreza y me parece que éste es uno de los Cuerpos de Infantería más bien disciplinados que he visto aquí en el país —Regimiento de Narva, creo— sin embargo de que tiene sus defectos aún. Me pidió mi opinión y se la di con sinceridad, pues me parece hombre ingenuo y que desea el bien. Hablé mucho con Baillie sobre las tropas prusianas y es exactamente de mi opinión en cuanto a Möellendorf —el gobernador de Berlín—, disciplina y movimientos de las tropas aquellas, etc.

De aquí vine con el doctor Guthrie a su casa donde tomamos té. Luego fuimos a casa del general Melissino que me enseñó el interior de su Cuerpo de Cadetes y las dos compañías de hijos de soldados, que están ahora alojados muy bien y con mucho orden, por cierto. Las cocinas, sin embargo, podían estar mejores. Los comunes están tal cual, cuyo asunto noto aquí sumamente defectuoso por todas partes. Al Ángelus u oración, cantaron muy bien y yo quedé convidado para el viernes próximo venir a comer y a visitar las clases.

16 de julio
Tuve una nota de Fitz-Herbert convidándome a comer y fui por la mañana a visitar a Cobenzl, que me recibió con suma amistad y a quien di una nota para Mamonov, quien, me dijo, le había preguntado por mí y al príncipe de Ligne, que estuvieron a visitarme el día anterior. De Ligne quedó de venir a casa de Fitz-Herbert para ir juntos al ejercicio del Cuerpo de Cadetes esta tarde.

Visité a la vieja Rumantzov, que me recibió muy bien, con sus anécdotas de Pedro I, Luis XIV, etc. A las tres fui a casa de Fitz-Herbert donde encontré al ministro de Venecia, señor de Foscari, hombre sensato e instruido, según me parece. Comimos en compañía del señor Adams —amigo de Fitz-Herbert— y su querida de Londres y después fuimos al Cuerpo de Cadetes donde tuvimos ejercicio y vino también un joven francés llamado el conde de Broglie, sobrino del mariscal, que me parece bastante presuntuoso y frívolo.

Maniobraron los cadetes asistidos de su artillería delante de Anhalt y éste me hizo mil caricias. Este cuerpo está muy bien instruido y cuidado por el barón de Balmen, casado con la hermana de la señora Capuani. Después de distintas maniobras estos jóvenes saltaron sobre el caballete y después corrieron lanzas y dardos en una especie de carrusel, muy paulatinamente. Aquí vi muchísimos conocidos de Kiev, que me hicieron mil caricias.

Con la señora Guthrie me fui a tomar té en su casa, donde tuvimos agradable conversación literaria y la señorita Golois que está allí, es algo instruida y sociable. A las nueve a casa.

17 de julio
A visitar a las nueve el Colegio de Cadetes de Tierra, con su último director el conde de Balmen, que me ha acompañado y enseñado todo muy porme-

nor. Recorrimos clases, dormitorios, refectorios, hospitales, cocinas, etc., que están en muy buen estado. Su número es, conforme al plan de Institución, 600, si no me engaño. ¡Oh, qué vastísimo edificio! Este país anuncia en todo, el cuerpo colosal de su Imperio. Vimos igualmente los apartamentos o gabinete de Mentchikov, el favorito de Pedro I, que están ricamente adornados a la holandesa en el gusto de aquel tiempo, con enlosados por las paredes, etc. y el fundamento de esta casa es el Palacio de dicho procurador general Mentchikov. Tienen un picadero soberbio, etc.

Concluimos a la una y vine a casa para ir a comer al Club Inglés en el que me introdujo el señor Anderson, inscribiéndome en el libro, según costumbre y pagando por mí, pues los extranjeros no pagan nada. Esta institución es excelente y muy bien reglamentada, según la describe Coxe. Aquí encontré al coronel Benkendorf, que me acompañó después de comer al Palacio de Invierno a ver los apartamentos del gran duque, que me había dado una orden para ello y estuvimos con Anderson. Admiramos un grupo de flores, obra a pastel de la gran duquesa, sumamente bien trabajada y algunas perspectivas de Hackert, muy buenas, como asimismo varias copias de las mejores composiciones en pintura, bien hechas, una señora del Batoni, en Dresde, etc. Vimos la gran escalera de este palacio, que es inútil porque, siendo inadaptable al clima, es sumamente fría y asimismo, la grandísima sala de Apolo, etc.

A cenar con el señor Betzky, que entre cosas me dijo que en la Fortaleza que teníamos delante se habrían ejecutado, sin exageración, más de 30.000 personas en tiempo de la emperatriz Ana, por orden de Biron, cuya anécdota me fue confirmada por el conde Münich, que es hombre de juicio y observación. ¡Qué coloso para resistir semejantes golpes y quedar con vida aún!

Serra-Capriola tiene baile y cena esta noche, me había convidado y yo me excusé.

18 de julio
Según mi nota a Mamonov, marché a las ocho y media de la mañana para Zarkoie-Selo, donde llegué a las diez. Hallé que mi amigo Levachov y todos los cortesanos me recibieron con sumo agrado, pues la emperatriz había dicho

que me convidasen de su parte a comer con ella. El conde de Bezborodko me convidó a su casa el sábado siguiente y me dijo que el Encargado de Negocios de España había estado a quejarse de una carta que yo le había escrito y pedir reclamación de mi persona, asegurando que yo había estado al servicio de España, mas que no lo estaba ya actualmente y que se me consideraba allí como una persona peligrosísima al Imperio. Él le respondió que aquí no había ningún cartel con la España y así la petición era infundada. A que respondió que, como el Imperio Español se consideraba en peligro y eran buenos amigos, no rehusarían condescender a esta petición.

Bezborodko refirió el mensaje a la emperatriz que respondió que, si el Imperio Español estaba en peligro por mí, en ninguna parte podría yo estar mejor que en Rusia, pues era estar a la mayor distancia y que, en cuanto al aprecio que Su Majestad hacía de mí, no era por el rango que yo tenía en España, sino por mis calidades personales que Su Majestad conocía particularmente y que por ellas me había adquirido su estima y protección.[5] Y me

5   [Relación del primer encuentro de Miranda con la zarina]
    Miranda cuenta de esta manera su encuentro con la zarina en Kiev (Diario 14-02-1787): Estuve en Palacio pronto a las once y media hora después entró la emperatriz a quien fui presentado por el príncipe de Bezborodko, Maître de la Cour y besé la mano de Su Majestad que con sumo agrado la sacó de su manguito y me la presentó de paso —pues no se usa aquí genuflexión ni nada— y yo hice una cortesía al retirarme.
    Después entré, con el permiso que me envió luego el príncipe Potemkin, a la antecámara y Su Majestad vino a hablarme inmediatamente, preguntándome cuántos grados de calor hacía cuando era menos en mi tierra, etc. Después salimos a la gran sala donde había preparada una mesa de sesenta cubiertos —yo estaba ya convidado de antemano por el príncipe Bariatinski— en forma de paralelogramo de tres lados. Nos sentamos a eso de las doce y media. Yo estaba al lado del conde de Tchernichev que me cuidaba con suma atención y Su Majestad me envió por dos ocasiones platos que tenía a su lado.
    A las dos todo esto concluyó. Su Majestad se retiró a su cuarto y nosotros a casa hasta las seis y media que volvimos para la Corte otra vez. El gran salón de palacio estaba lleno de damas extranjeras y del país —éstas en vestido uniforme del gobierno en que están domiciliadas, como los hombres y no es una mala ley suntuaria— y todos los sujetos de distinción y forasteros que se hallan aquí.

    En otra oportunidad, Miranda relata de esta manera un nuevo encuentro con Catalina de Rusia (Diario, 22-02-1787):
    En esto vino el príncipe y me dijo que Su Majestad no consentía a que partiese en esta ocasión, pues era peligroso el paso de los ríos y me exponía a un accidente disgustoso. Le respondí que seguramente sería temeridad en mí no conformarme con los consejos de Su Majestad, etc. y todos me dijeron que esto era lo mejor. A poco rato salió Su Majestad para ir a casa del Embajador de Alemania, donde había cena y baile dispuesto

117

habló con mucha amistad, creyendo que todo esto era forjado por Macanaz, mas yo me persuadía que algo había en el fondo.

Salió Su Majestad para ir a la iglesia y vino derecha a mí: «¡Oh, cuánto me alegro de ver a usted!», me decía, «desde Kiev no nos vemos». «¿Cómo le ha ido de viaje?», etc. Pasé a la iglesia y me llamó con la cabeza, diciéndome en secreto que si no sabía lo que el Encargado de España había venido a decir. Que le había dicho a Bezborodko que me informase de todo para que

> y me dijo que si me quería ir a ahogar, que esto no lo permitiría ella... Le di mil gracias por su bondad y aseguro ingenuamente que este acto de su buen corazón hizo tanta impresión en el mío, de terneza y agradecimiento, que no podré olvidarlo jamás. ¡Y tanto más, cuanto que presentaba el mayor contraste a la escena que acababa de pasarme con el otro, que yo consideraba como mi buen amigo!
>
> Entramos en casa del Embajador, donde había gran concurso y aparato; noté que el príncipe, por el camino, me habló con particular afabilidad, tocando las cábalas polonesas y personajes de esta nación que se hallan aquí actualmente... La proposición que el conde de Potocki me dijo, de que el más bello monumento de Roma era los dos Reyes Ligados que estaban en el Capitolio, decía el príncipe que en otro tiempo y no muy lejos, le hubiera enviado en kibitka a Siberia, por todos los días de su vida ¡Zape!
>
> Me preguntó Su Majestad varias cosas durante el juego, acerca de nuestra América, de los jesuitas, de las lenguas, de los naturales del país y me dijo cómo la Corte de Madrid le había negado estas noticias —diciendo que era el secreto del Estado— para formar un diccionario que quería publicar de todas las lenguas conocidas. Me preguntó sobre las antigüedades de Atenas, templos de Minerva y de Teseo; de Italia, puente de Matalone y Carlos III en Nápoles. De aquí descendimos al estado de las artes en España, célebres pinturas que debía haber en los palacios del rey, autos de fe y antigüedades de Granada... Sobre si el rey los había visto jamás; si el príncipe de Asturias anunciaba gran capacidad o instrucción y finalmente sobre el contraste que presentaba en sí mismo Carlos III en España y Carlos III en Nápoles. Últimamente me cuestionó sobre nuestra expedición de O'Reilly en Argel y si no era cierto que mucho menos de la mitad se habían retirado. A que le respondí que era una exageración y que yo creía que solo habíamos perdido una quinta parte. «¿Es posible?, me respondió y ¿artillería no se perdió mucha?». Alguna, le respondí. En fin, esta conversación fue larga y me manifestó más de la bondad de su corazón, humanidad, instrucción y nobles sentimientos de su espíritu que cuantos otros me podrían decir sobre el particular. Se retiró Su Majestad a las nueve, pues no quiso cenar.
>
> El príncipe me preguntó qué me parecía la emperatriz y su modo familiar, amable y majestuoso al propio tiempo, sin aquella morga de nuestra Corte. Nassau me dijo que la emperatriz le había dicho que se alegraba de haberme detenido, porque no fuese que me sucediera algún accidente desagradable con el deshielo. Nuevas sensaciones de terneza y gratitud en mi corazón.
>
> Ségur me decía que yo hacía el gran cortesano, pues en poco tiempo había logrado que la Soberana se interesase por mi persona cuando a varios extranjeros de nota no decía una palabra al mes... celillos...

me sirviese de gobierno y que yo ya veía lo que ella me decía en Kiev, que me guardase de semejantes gentes, etc. Y con un agrado e interés de una madre, a la verdad... ¡Oh, qué noble ánimo!

Al salir de la iglesia, el conde de Ostermann me presentó a besar la mano a Su Majestad junto con el barón de Mestmacher, ministro en Curlandia y Su Majestad decía por mí: «¿Quién es este caballero que usted me presenta como si no lo conociera? Es mi viejo conocido, antes que ninguno de vuestras mercedes», etc., chanceando. Bariatinski me dijo que me quedase a comer por convite especial de Su Majestad y Mamonov me dio mil abrazos, informándome de todo, asimismo que Bezborodko, de parte de la emperatriz, que me dijo había hablado de mí como de la persona más de su estimación. Excusó al príncipe Potemkin de que no me hubiese enviado las cartas que Bezborodko le había entregado para mí y que se alegraba, porque así se compondría todo más a mi favor, etc. Su Majestad me habló después de qué me había parecido Moscú, Zarkoie-Selo, etc. y que era menester que viese sus apartamentos interiores. Hizo llamar a Mamonov y le dijo que me manifestase todo.

Efectivamente entramos y retorné a ver la gran sala incrustada de lapislázuli, madreperlas, acaso la más rica del mundo todo y los otros cuartos a la turca, chinesca, romana, etc., observando con sumo gusto el número de libros y papeles que a la mano tenía Su Majestad, como señales infalibles del estudio y trabajo en que dignísimamente está ocupado este gran soberano en la conservación y alivio de sus vasallos y del Imperio, cosa rarísima de encontrarse. Pasamos luego al baño, cuyos ricos apartamentos en el gusto antiguo, están dispuestos con más gusto aún que los antecedentes. A la gran columnata dispuesta asimismo por el arquitecto inglés Cameron, del orden Jónico, de Erectea, en madera y merecería ser ejecutado en mármol, según su magnificencia.

Se le presentaron en este intermedio los oficiales enviados por el rey de Suecia a cumplimentar a Su Majestad, el barón de Cedeström, *Gran Maître de la Cour* de Estocolmo y otro oficial, señor... Me preguntó qué me parecían dichos apartamentos, etc. y asimismo le pregunté por qué Su Majestad no edificaba su Palacio en la montaña *des Moineaux* en Moscú, a que me respondió que porque no quería sufrir las basuras y humo de la ciudad que venían sobre aquel paraje, etc. Hablamos largo rato y luego fuimos a comer en una mesa de 130 cubiertos, creo, pues hasta este día no se permitió venir a la nobleza del país a cumplimentar a Su Majestad, que no recibe aquí ningún extranjero sin su permiso, ni ninguno de sus súbditos sino los que tienen negocio directo o son sus más íntimos. El gran duque y duquesa me hablaron también con algún cariño.

Después de comer fuimos Sprengtporten y Cedeström a dar un paseo al jardín, que deleita cada vez más y los puentes de hierro, que en imitación de los de Inglaterra se construyen, son hermosísimos por la gracia, ligereza y solidez que reúnen al mismo tiempo. El pabellón o kiosco turco es magnífico y muy bien imitado, cuyo rasgo, al lado de los demás, hace ver el mérito distinguido que en ciertas cosas merece la arquitectura turca.

Vinimos a Palacio e hicimos visita a la señora Narischkin, la copero mayor, que es mi buena amiga. Después fui para hacer mi corte al gran duque, mas era tarde, creo y así solo me detuve en los apartamentos de afuera viendo en el cuarto de las pinturas los dos cuadros de la batalla de Poltava y en el de ámbar, los famosos adornos de este género que cubren todas sus murallas, regalo magnífico de un rey de Prusia. Por equivocación tomé hacia los apartamentos de los grandes duques, que justamente salían; se sonrieron y me saludaron. Fui después a la emperatriz, que salió a las seis, en negligé de campaña. Me habló del jardín y se puso a jugar con los grandes duques, la señora Narischkin, Ostermann, etc. Yo hablé con Bruce, Mamonov, etc. y me retiré después viendo que nadie se había quedado sino los de confianza, aunque estaba muy bien recibido.

Me vine a Petersburgo donde llegué a eso de las ocho a casa de Betzky, donde la señora Ribas me dijo que algunos cortesanos habían ya criticado el que la emperatriz los había recibido secamente y que solo había afectado hablar mucho con el español Miranda. Cenamos en buena sociedad y siempre con la luz del día, pues casi no hace noche absolutamente. Münich siempre interesante.

19 de julio

Estuve en casa de Cobenzl, a quien conté mis asuntos, viéndole darme tantos testimonios y expresiones de amistad; vio mi carta a Macanaz y halló que todo estaba muy bien, excepto un poco fuerte, según su parecer. Me aconsejó como amigo y me convidó a comer para el día siguiente.

Fui a comer con la señora Ribas y Betzky en su agradable *hortus-pensilis* y casa hermosa, en cuya sociedad me instruyo y divierto sumamente. Después de comer fui a ver la familia del caballerizo mayor, Narischkin, que está ya en su casa de campo, nuevamente llegada. Encontré la señora en la puerta para salir a dar un paseo en línea y la acompañé con su cuarta hija, la señorita Marie y la mujer del hijo mayor que estaban a caballo. Nos paseamos hasta cerca de las puertas de la ciudad y a las siete volvimos a casa. La señorita de mi compañera me acompañó sola a ver todo el jardín que es bastante bien ordenado y con muchos pequeños edificios de adorno y comodidad. Está en mejor terreno que el del hermano. La señorita Marie me enseñó los apartamentos de dormir, nosotros solos, en la mayor confianza, cuya sencillez anuncia la pureza de las costumbres y después vino el padre, que me acarició como amigo antiguo. Tuvimos sociedad y a las diez cenamos en su modo hospitalario y magnífico, hasta las once y media que me retiré.

20 de julio
Temprano salí con el ayudante de Levachov y fuimos al hospital de la ciudad, llamado de Catalina. Está hecho nuevamente y muy bien dispuesto. Visitamos primero el apartamento en que están los locos, hombres en un rango y mujeres en el otro, con las celdas muy bien dispuestas y con comodidad, aseo y seguridad. Había catorce hombres y ochos mujeres solamente. Luego pasamos a las salas de enfermos, que encontramos bastante aseadas y con aire puro, resultado de no poner demasiados en una sola pieza y cuando las otras piezas que están al concluirse, estén acabadas, estarán aún mucho mejor. Actualmente hay 200 enfermos —treinta y tres son mujeres— de los cuales dieciséis tienen gálico.

La enfermedad predominante es escorbuto y la asistencia es por mujeres, que veo es incomparablemente mejor que por hombres y no resultan los desórdenes que se creía. Estas sirvientes tienen sus buenos alojamientos allí mismo, cada una cuida un cierto número de enfermos para quienes ella misma prepara la comida en su cocina particular y así me parece que él todo va mejor aquí. Concluidas las otras piezas habrá alojamiento para 300 personas y cualquiera que quiere enviar allí un criado enfermo, se le asiste de la misma manera pagando 4 rublos al mes. Esta es una de las mejores instituciones de su especie que pueden verse en el mundo, que caracteriza en parte la humanidad y sabiduría de la emperatriz.

De aquí pasamos paseando el hermosísimo y más magnífico Canal de la Fontanka, a ver las iglesias de los Marineros —que es la más hermosa— para invierno y verano, inclinando al gusto de la arquitectura italiana; la de Preobrajenski, la de... y luego vinimos a la Bastilla, prisión nueva que la emperatriz ha hecho construir a imitación de dicha fortaleza, para seguridad y comodidad de los presos y no hay duda que está hecha con inteligencia y magnificencia. Aún no está habitada por nadie y se dice que la vecindad del Teatro Principal hará tal vez que no se emplee.

De aquí pasamos a éste que llaman el Teatro de Piedra y está magníficamente construido por los principios del señor N... en forma elíptica. Su tamaño, distribución y proporciones me parecen muy bien, mas no he tenido ocasión de ver representar en él, pues actualmente se representa en el de madera, que es más pequeño. A las dos fui a comer con Cobenzl, donde había algunos extranjeros, el coronel Baillie entre ellos, con quienes tuvimos muy buena sociedad y después me habló Cobenzl de mis asuntos, con interés y amistad al parecer. Hoy escribí a Mamonov indicándole mi alojamiento y manifestándole mi agradecimiento por los favores y honras de Su Majestad.

* * *

Por la tarde estuve a ver, mediante un recado de Betzky, la Casa de Niños Expósitos, que está muy bien dirigida y dispuesta según el Plan de Moscú. Hay actualmente como 550 niños, que los de pecho los dan a criar al campo, que es lo mejor. Las escuelas, dormitorios, hospital, cocinas, refectorio, etc., con aseo y buen orden. Tienen su jardín para pasearse y jugar y su baño ruso para lavarse, que es cosa muy buena. También la escuela en que aprenden a partear quince muchachas del propio Colegio de Moscú y se les demuestra por un joven cirujano francés en una figura de cuero y madera que no puede ser más al vivo, cosa singular por cierto, mas que en la práctica no se tocan los inconvenientes que aparecen a primera vista. Una que sirve actualmente, de dicha escuela, es sumamente hábil.

Luego estuvimos a ver al subinspector, el señor Kirsbure, en sus buenísimos apartamentos, quien nos acompañó a ver el Lombard o Monte de Piedad, que está en la misma casa, en beneficio de dichos niños, bajo la dirección igualmente del señor Betzky, que me informa es, sobre pie, más equitativo que en ninguna otra parte. Él mismo me ha informado que en el espacio de veinticinco años se han recibido en Moscú —y aquí después de 5— el número de 37.600 niños expósitos. Véase aquí qué pérdida para el Estado y qué inhumanidad producen las leyes absurdas e injustas. Vi asimismo los muy buenos apartamentos que están preparados para recibir secretamente las gentes decentes que se acogen a esta institución para proteger la humanidad y la naturaleza. Muy buena cosa, por cierto. Este edificio es en su arquitectura, excelente, acaso el segundo después de la Academia de las Artes en Petersburgo. Muy bello por cierto.

Luego a casa de Betzky, a quien felicité en nombre de la nación rusa y de quien supe que mantiene a sus expensas hasta sesenta jóvenes —veinte en la Academia de las Artes, veinte en la Comunidad de las Doncellas Nobles y veinte en el Cuerpo de Cadetes— que le cuestan 12.000 rublos anuales y son marcados o distinguidos por un collarín verde los hombres y una cinta verde las mujeres. Ejemplo de patriotismo admirable y de que se han visto muy pocas imitaciones. Lo más particular es que este ciudadano no recibe ni ha recibido sueldo alguno por ningún empleo de los que ha ejercido. Tiene 8.000 rublos de pensión solamente, a los que añade 4.000 de suyo todos los años y con esto mantiene los sesenta individuos que llevo mencionados. A las once a casa.

21 de julio
Estuve a ver el famoso globo de Gottorp, mas no encontrando nadie que me abriese, me informé y hallé efectivamente que el que lo compone se ha ido a Alemania y llevado consigo la llave. De aquí partí a comer con Narischkin, el

Caballerizo mayor, a su casa de campo, 7 verstas de aquí, quienes me recibieron con suma amistad y comimos en familia.

Después, a eso de las cuatro, partí para ver el Palacio de Tchesmé o Kiriky, que llaman y está sobre la ruta de Zarkoie-Selo, a 7 verstas de Petersburgo. Este edificio está hecho en forma triangular, con una torre redonda en cada ángulo y en el gusto gótico enteramente, mas sus adornos no tienen la elegancia ni pureza de este estilo. La iglesia es mucho mejor por el mismo gusto y aunque pequeña, es un buen rasgo. Este Palacio contiene los retratos de cuerpo entero de los soberanos de Europa, contemporáneos de la emperatriz: el rey y familia —esto es, príncipe y princesa de Asturias— de España. Bien parecidos, están junto con el papa Clemente XIV, en un apartamento. En otro, la de Prusia y Federico está retratado en vestido de terciopelo negro. ¡Qué feo es el príncipe Herminio, su hermano!

Muy pocos de los retratos están bien pintados aunque los marcos son riquísimos. La familia de Portugal es de los mejores, aunque los más feos de persona. Aquí me estuve paseando y considerando estas gentes soberanas largo rato y contemplando en manos de quien está la felicidad y la vida del género humano. Y al cabo de dos horas me subí arriba de un belvedere que hay en el techo con un excelente telescopio, de donde estuve considerando algunas buenas vistas que por aquel país, llano y montañoso, se descubren desde allí sin embargo.

Luego me volví a la ciudad y pasando por delante de la señora de Salohoupe, que estaba en su ventana, entré a hacerle una visita, la cual me recibió con sumo agrado y amistad, enseñándome toda su casa, etc. Me convidó a cenar y convinimos en ir a dar un paseo en el ínterin al Jardín de Verano que llaman, con sus primas las señoritas Apraxin. Fuimos allá y al entrar encontré a Gayangos que me habló y Macanaz que, embarazado, se quitó el sombrero e hizo su reverencia sin querer. Encontramos a De Ligne con la condesa Mariuci, en cuya compañía tomamos en una tienda que hay allí, helados y volvimos a su casa, donde tuvimos un *petit souper*, como en París, con Broglie que vino y me dijo que la princesa Bariatinski deseaba tanto conocerme y otras damas actualmente en el campo, etc. Hubo frivolidades y pasatiempo con risas, etc., hasta las dos de la mañana que nos retiramos a casa. Mas habiendo por casualidad hablado de S. Jorge que toca el violín y juega al florete como nadie, se hizo mención del famoso violín Jarnowick, que está aquí y De Ligne nos ofreció hacerlo tocar en su cuarto para que lo oyésemos por la mañana.

22 de julio
Temprano en casa De Ligne, donde encontré ya a Jarnowick, que sin hacerse rogar nos hizo el gusto de tocar varias cosas con bastante destreza y tal cual gusto. Mas como faltaba el acompañamiento, no pude concebir su gran ejecución y manera; me pareció, sin embargo, amanerado y bufón en su expresión, si no me engaño.

Vino Broglie que me propuso ir juntos a Gatchina, mas yo quería partir temprano por ser día de la gran duquesa. De Ligne me proponía quedar a tomar un bocado, mas yo, por delicadeza, pasé a preguntar a Cobenzl que me dijo que con mucho gusto, mas que Ségur venía y que no sabía si gustaría, etc. Con que así le dije que nada importaba y me fui a comer con Betzky.

A las tres y media partí y llegué allá a las cinco y cuarto. Solo encontré a Fitz-Herbert en dominó y a su secretario Fraser... Aquél me recibió con amistad y me convidó a comer mañana. Comenzó a venir gente y llegó Cobenzl, D'Horta, Serra-Capriola, etc., que me hablaron; mas Ségur, muy serio y yo sin hacerle caso alguno. Salió el gran duque y duquesa, que no me hablaron como al ordinario y noté alguna novedad en el semblante de varias gentes, naturalmente provenientes de las voces que los desafectos habían hecho circular. Me paseé por el jardín con Apraxin, sin acompañar al gran duque, como lo había hecho en otras ocasiones. Encontré a Fitz-Herbert que se paseaba solo y le dije, que aunque le había prometido el ir a comer, que tal vez Ségur se retiraría, según lo que me acababa de ocurrir con Cobenzl, que me había asegurado que nada tenía que hacer con la Casa de Borbón y que así les dejaría en su paz y quietud. «No —me respondió—, venga usted y aunque el otro no aparezca, usted es siempre dueño de hacer como gustase y yo no tengo el menor reparo.» Yo, sin embargo, preferí comer con Melissino, a quien lo había ofrecido de antemano. Estuve allí hasta las nueve, hora de cenar, que comenzó la iluminación como en la fiesta anterior y yo partí solo a Petersburgo. No había mucha gente y supe después por Apraxin, que la gran duquesa había preguntado si yo no había venido y dónde estaba. ¡Qué bellísimo efecto hace el camino de Zarkoie-Selo iluminado por dos líneas paralelas y rectas!

23 de julio
A las diez estuve en casa de Melissino, en Vaministrov, quien ya me aguardaba para hacerme ver su Instituto de Cadetes, cuyos dormitorios, refectorios y demás, había ya visto anteriormente. Pasamos a las diferentes clases y una por una fuimos viéndolas todas conformemente a las listas adjuntas, que allí mismo me presentó el maestro director de estudios que parece hombre bastante hábil aunque un gran pedante. Modelos de fortificación, de artillería y cuanto es necesario para una institución de estos dos ramos, tienen con abundancia, bien que me parece el plan demasiado subdividido y complicado, como se ve en la instrucción adjunta, que también me dio el mismo general Melissino a quien he debido mil atenciones.

Después de tres horas de fatiga fuimos a comer en un pabellón del jardín donde tuvimos una mesa abundante y delicada y comieron con nosotros los maestros, director, etc., quienes me informaron, entre otras cosas, que el establecimiento consiste en 400 niños nobles y 150 hijos de soldados, para cuya educación y mantenimiento en un todo, se dan por la emperatriz 135.158 rublos anuales, cuya suma es muy suficiente. Que hay además cuarenta y un supernumerarios quienes pagan 150 rublos por año, además de sus informes y gozan de las mismas ventajas de los otros.

Después tuvimos un ejercicio que en mi obsequio hizo una compañía de Granaderos y luego otra de Cazadores, muy bien por cierto y con la más refinada atención y cortesía sus oficiales, etc., a quienes di mil gracias por todo y ciertamente que en cuanto al buen orden, aseo y mantenimiento, no puede darse mejor en un cuerpo semejante.

Un contraste se presenta justamente en otra institución de la misma especie que está pegada, establecida hace once años para los griegos del Archipiélago, que consiste en 200 plazas con 42.000 rublos anuales para su mantenimiento. Estuvimos a visitarlos igualmente, mas ¡qué porquería, desorden y abandono no encontramos! Lástima que las dos instituciones no estén unidas o al menos bajo la misma dirección, ínterin no se mueven, como se dice, a la Táuride... y me es mucho más sensible por estar a cargo del príncipe, a quien engaña algún bribón en quien tiene puesta confianza.

A las siete me fui a cenar con Betzky y la señora Ribas a quienes conté el gusto en que había pasado todo el día y tuve sociedad hasta las once. Me contó y asimismo Münich, que Cobenzl, acabado de llegar, representó en una comedia francesa, delante de los grandes duques y demás, en el carácter de *valet* o criado, a quien se dieron sus buenos palos en el teatro, a la vista de todos los espectadores. ¡Qué dignidad de Embajador! De aquí el dicho que es el embajador de cómicos y el cómico de embajadores. Cosas singulares, por cierto.

24 de julio
Me estuve leyendo y luego fui a comer con el conde de Bezborodko que tuvo gran convite y todo el Cuerpo Diplomático en su casa. Luego que llegué, me tomó aparte en su gabinete y me contó muy pormenor lo pasado con Macanaz, la respuesta de la emperatriz y lo que Su Majestad se interesaba por mí, pues veía cuán fundados eran mis recelos en Kiev y que estaba dispuesta a darme cuanta protección y asistencia me fuese necesaria, etc. Salimos después y ya encontramos al conde de Ostermann y todo el Cuerpo Diplomático que aguardaba. No quedaron Ségur y los otros poco sorprendidos de verme salir con el ministro, igualmente que Macanaz y Gayangos... Hablamos por aquí y por allí y Ségur, como para hacer una reparación a su mal modo de proceder, vino hacia mí y me hizo una profunda reverencia sin hablar palabra; yo, sin alteración ni contestar, me volví y me fui hacia otra parte. Wielhorsky —acabado de llegar, que estuvo ayer a verme con suma amistad— fue presentado, después de comer, por su ministro Déboli al conde de Bezborodko y yo me retiré.

Fui a casa de Anderson que no estaba en casa y el señor Moubry, su compañero, me entregó un paquete del almirante Greigh que contiene el plan de la acción de Tchesmé que me había ofrecido. Tomé té en su compañía y fui después a casa de la señora Guthrie, donde cené y tuve larga conversación con el señor Bilan, abogado parisino, que está en este país hace largo tiempo con el fin de practicar la reforma judiciaria, etc., según las nuevas instituciones de la emperatriz y me informó de los innumerables

127

abusos, ignorancia y falta de sistema en que se conduce aún este ramo principal de la salud y felicidad pública, la mala fe que reina en el comercio de sus resultas, etc., etc. A casa a la una.

25 de julio

En casa leyendo la obra de Howard, sobre prisiones y hospitales, que anuncia efectivamente su humanidad y originalidad en esta especie y que seguramente producirá utilidad al género humano más o menos. También los viajes del señor Coxe, cuya exactitud e información en los asuntos del país, sus revoluciones, etc., es sorprendente.

Por la tarde estuve con mi amigo el coronel Levachov en el teatro por la primera vez. Dieron una traducción francesa en ruso de una pequeña pieza, cuyo nombre no me acuerdo. Los actores y actrices, excepto un *valet*, no son cosa y asimismo el baile. Aquí en este teatro, que es el de madera, que llaman, se representa comedia rusa el domingo y el jueves espectáculo francés, que son las diversiones públicas que ahora hay. Los actores afectan la manera francesa, no solo en su vestido, mas también en la acción y en la expresión, que es lo peor que podían hacer, mas la maldita influencia va por todo.

De aquí fuimos al jardín de verano, que es el paseo público y encontramos poquísima gente, entre ella la señora Guthrie y la señora Go..., a quien hice mis excusas por haber faltado a su cita con el marido para ir a ver al profesor Pallas esta tarde. Siempre veo poca gente, de donde infiero que la población de la ciudad no es tan crecida como comúnmente se cree y que Epinus no exagera cuando dice que no va más allá de 130.000 personas.

Luego a cenar con Betzky y la señora Ribas, que es un espíritu original y me pinta a Diderot en términos curiosos: «*La morale, madame, point de religion. Elle (la morale) se trouve dans l'Encyclopédie!*».

26 de julio

Leyendo por la mañana y por la tarde salí a pie para pasear los hermosos muelles de granito que bordean los canales de la Fontanka, de Catalina, etc. y observé los hermosos palacios del mariscal Razumovski, Orlov y Tchernichev que están inmediatos a mi alojamiento que cae igualmente sobre el pequeño Morskoi.

Luego fui al Palacio de Verano, que llaman, construido por la emperatriz Ana, de madera, en el cual me aguardaban ya el ayudante y demás para enseñármelo todo, igualmente que el jardín privado de la emperatriz, por orden de mi amigo Betzky. La gran sala de recibimiento y la de comer o de bailes, son graciosas y de buena proporción. Los adornos, del gusto del tiempo en que fue construido, verde y oro. Sin embargo, tiene un aire alegre y campestre y la Corte brilla en un día de gala.

Después di una vista a la casa de Pedro I, que está en el propio jardín y realmente es un contraste a las que sus sucesores han construido después. Luego a cenar con Betzky y Münich, que siempre me instruyen en alguna cosa relativa a este Imperio y sus revoluciones.

27 de julio
Leyendo por la mañana y por la tarde vino el señor N... natural de Pistoya, en Toscana, que vino aquí por orden de Orlov y está actualmente en el Lombard y disgustado del país. Fuimos a pasear los canales y la ciudad. Vimos algunas iglesias griegas, que todas se parecen y después estuvimos en la Católica, Apostólica y Romana, que es de buena arquitectura italiana y bastante buen edificio el todo. Luego al Mercado que está inmediato y es un vastísimo edificio donde se reúnen todas las tiendas de la ciudad, al modo de los bazares de Asia y del bezistin de Constantinopla. Tiene dos pórticos abajo y dos encima, que corren por todo el paralelogramo que es vastísimo, con su gran patio en medio, a modo de un *han*. Después fuimos a las tiendas de libros rusos y después a las de los plateros que están separadas de las antecedentes y son poquísima cosa.

A cenar con Betzky y Münich y a las diez me fui a ver una muchacha de quince años con quien dormí, mas la cama era tan maldita que tomé un resfriado y cuando volví a casa por la mañana, sentí dolores de reumatismo en la espalda. Le di 5 rublos y quedó contenta.

28 de julio
El dolor de la espalda no me deja escribir y así tuve que ponerme en cama leyendo el *Diario Sentimental*, de Sterne, que me perfecciona siempre, o corrige, al menos, mi corazón. Vino Benkendorf a hacerme una visita y convidarme para ver su regimiento otra tarde que hiciese buen tiempo, cosa rarísima aquí. Por la tarde, finalmente pude ponerme a escribir mi diario, que está retardadísimo.

29, 30 y 31 de julio
Escribiendo todo el día hasta medianoche, a razón de siete u ocho pliegos por día y no he visto un alma por mis puertas, ni Bezborodko me ha enviado las cartas y Letras de Cambio que me ofreció.

Malditos sean los criados. El último que he tomado y no es borracho, es un glotón del demonio, que enferma a cada instante y me deja solo sin que haya uno en la casa que me entienda. ¡Qué desventaja para un viajante que no sabe la lengua del país! Me desespero a veces y me doy al diantre.

1º de agosto
Mi amigo Levachov ha ido a Zarkoie-Selo para despedirse y asimismo el señor Fitz-Herbert, que besaron la mano a la emperatriz, pues éste se marcha para Inglaterra. Wielhorsky estuvo a ser presentado, según me contó y hasta la noche que vinieron a Petersburgo no comieron, porque nadie los convidó y ellos no quisieron ponerse a la mesa con criados, etc., en la posada.

2 de agosto
Tuve un coche con cuatro caballos en 38 rublos por semana y fui a visitar al señor Anderson que me convidó a comer, mas no me quedé. Fui a visitar la condesa de Galovkin, que me recibió como buen amigo y después a la de Rumantzov, con quien tuve mi larga conversación.

A comer con Betzky y después de las tres y media marché a Zarkoie-Selo donde llegué a las cinco. Fui a casa de Bezborodko y me hizo decir que estaba enfermo y no me podía recibir, lo que me dio mala espina. Luego a hacer una visita a la copero mayor, señora Narischkin, que me recibió en fino amigo y me aconsejó fuese a hablar a Mamonov, que tal vez estaría aun en su cuarto. Fui y no hallándolo allí le escribí una nota, deseando poderlo ver para hablarle de mis asuntos. Y tristemente tomé mi coche y me volví a Petersburgo envuelto en mis pensamientos tristes, así de mi suerte como de la situación en que me hallo, falsedad de los hombres y principalmente de cortesanos, etc. Mas con esperanza siempre en la constancia y magnanimidad de la emperatriz, que es el único recurso que me queda en el día, para no ser la víctima de la política gala y de la crueldad española. Con estos tristes pensamientos me fui a la cama, donde pasé una noche triste y melancólica.

3 de agosto
Por la mañana fui a casa del ministro Tooke, inglés, que me recibió con mucho agrado. Hablamos literatura, reflexionando los adelantos de Alemania después de poco tiempo a esta parte. Dimos un paseo por el muelle admirando la hermosa calle de la Línea Inglesa y un puente que se acaba de construir en ella, el cual se levanta por medio de graves pesos que están construidos en cuatro grandísimos pilares cuadrados de granito de un solo bloque, que se mantienen por su gravedad, como los obeliscos de Roma y son obra prodigiosa del industrioso e ingenioso *mujik* ruso.

La Academia de Ciencias que se presenta enfrente, del otro lado del Neva, es hermosísimo edificio y finalmente llegamos al extremo donde está la famosa estatua de Pedro I, hecha por Falconet, «Pedro I-Catalina II». Obra magnífica seguramente, mas con graves defectos: el perfil derecho de la estatua presenta un aire tieso y afectado en el héroe, que choca y aún la postura de la mano derecha es afectada. Su tamaño es como dos veces natural. El caballo es excelente, la cola excepto, que parece de lana. Mas lo que es imperdonable, es la mutilación de la enorme y hermosa piedra que sirve de base, cuya magnitud era de una tercera parte mayor de lo que aparece actualmente y si se le quitan los pedazos añadidos, de una mitad más grande... ¡qué lástima, pues hubiera hecho un conjunto magnífico y soberbio! Los celos del autor, se dice, fueron la causa y si se considera la figura ridícula, como de un sapo, que le ha dado a dicho pedestal, tienta a creerlo. Este ministro me comunicó infinitas anécdotas de Falconet, a quien conoció y trató mucho.

Luego a la Iglesia Inglesa que es pequeña, mas muy aseada y bonita. Me dijo que la congregación sería de 200 personas solamente y se preparaba para el entierro esta tarde del Cónsul inglés, señor... que murió ayer. Pasamos a la librería que contiene una bonita colección de libros ingleses, formada por suscripción de las damas inglesas de Petersburgo. Me dio el catálogo que llegará como a 2.000 volúmenes. El que está encargado de ella, señor Howel, creo, es un original. Este políticamente me ofreció cuantos libros gustase y tomé algunos que llevé a casa.

De aquí, con el mismo Howel, que es también corredor, pasé a la Bolsa o *Exchange*, donde se juntan todos los comerciantes desde las doce a las dos de la tarde. Este es un lúgubre y mal edificio, mas las gentes se tienen fuera ínterin no llueve. Allí encontré varios amigos ingleses y en otros noté el efecto de los informes de Colombi. Se ve aquí lo crecido del comercio de Petersburgo y cuán bien situado, sin embargo, está este paraje para ello. Estuve con el señor Anderson a ver los almacenes que están en forma de «han» y noté que los pasajeros estaban sentados encima de sus baúles, por no dejarlos solos hasta que se hiciese la visita y llevárselos. Y asimismo, varios hombres que dormían encima de otras cajas de mercancías pertenecientes a los comerciantes, que prueba el riesgo de que los roben en la aduana misma.

De aquí tomamos el coche, pues todo el mundo de algún carácter en el comercio, viene en coche por la distancia y mal piso cenagoso en que está situado este paraje particularmente. Vine a comer con el señor Anderson y Moubry y después tomamos té y quedamos en larga conversación hasta las nueve. Le pedí —pues Bezborodko no me acaba de enviar la Letra de Cambio prometida— porque se ha manifestado muy amigo, 300 rublos prestados hasta la semana entrante y se me ha excusado.

Me fui a cenar con el señor Guthrie, quien igualmente que su señora se me han declarado interesados por mí en las voces que mis enemigos hacen correr, me han ofrecido su amistad y realmente me es de sumo alivio tener alguien con quien hablar y que me informe al menos de las voces públicas y de los pasos del adversario. Con este consuelo me retiré a casa a la una, después de cenar.

4 de agosto
Temprano volví a la librería inglesa, en busca del *Political Herald*[6] o algún extracto para buscar aquel párrafo que leí en Berlín y probablemente da fundamento a esta persecución, mas no lo pude encontrar. Me fui a comer con Betzky y la señora Ribas, con quienes estuvimos en sociedad agradable.

Después me fui a ver la manufactura de tapices en imitación de la de Gobelinos, en Francia y ciertamente que es bien adelantada, pues solo artistas rusos trabajan en ella. La fundación es de Pedro I y cuesta 19.500 rublos por año. Mantiene 125 obreros y me enseñaron veintisiete cuadros perfectamente trabajados con sus marcos, de una colección de cuarenta, que Su Majestad había ordenado para Lanskoi y que sin embargo se con-

---

6 **[Artículo del *Political Herald* sobre Miranda]**
Miranda consigna en su Diario de Prusia (18-09-1785) este artículo extractado por el *Political Herald* de Londres del *Morning Chronicle* de la misma ciudad y fechado el 20 de agosto de 1785:

América española
La llama que fue encendida en Norte América, ha hecho su camino, como se previó, dentro de los dominios americanos de España. Esta emulación que encierra los compromisos del gobierno en la América Española hacia los españoles nativos y establece otras distinciones entre estos y sus descendientes del otro lado del Atlántico, ha sido una espada de doble filo y corta dos veces. Si esto ha preservado hasta ahora la soberanía de España en estos lugares, ha sembrado sin embargo las semillas de un hondo resentimiento entre el pueblo.
Se celebran conferencias, se organizan reuniones en secreto entre una raza de hombres que distinguiremos con el nombre de españoles provincianos. El ejemplo de Norte América es el gran motivo de conversación y un magnífico objeto de imitación. En Londres, estamos bien seguros, está en este momento un americano español de gran importancia, que posee la confianza de sus conciudadanos y aspira a la gloria de ser el libertador de su patria. Es un hombre de criterios sublimes y de inteligencia penetrante, diestro en lenguas antiguas y modernas, entendido en libros y conocedor del mundo. Ha pasado varios años estudiando la política general, el origen, progreso y fin de las diferentes clases de gobierno; las circunstancias que reúnen y retienen multitud de hombres en las sociedades políticas y las causas por las cuales estas sociedades son disueltas y engullidas por otras. Este caballero, después de haber visitado cada provincia de Norte América viene a Inglaterra, a la que considera como la madre patria de la libertad y la escuela del conocimiento político. Como amigos de la libertad, nos abstenemos de dar más detalles respecto a esta distinguida personalidad. Es una prueba notable y un ejemplo del hecho que queríamos ilustrar. Admiramos sus talentos, estimamos sus virtudes y de corazón deseamos prosperidad a los más nobles propósitos que pueden ocupar el ánimo de cualquier ser humano, otorgando el beneficio de la libertad a millones de sus conciudadanos.

tinúa... cosa magnifica por cierto. Los asuntos principales son de caza, pastoral, amores, mitología, etc., bien escogidos de la colección del Ermitage. Se hacen también varios retratos de soberanos y el de la emperatriz, muy bien. Y si los trabajadores supiesen la corrección del dibujo, nada habría que desear, pues colorido y trabajo son excelentes. Observé que hay dos modos de trabajar la tela: uno, perpendicular y otro, horizontal; siempre se trabaja por el revés. El edificio no puede ser mejor para el caso, grande, aseado, bien caliente, cómodo y claro.

De aquí pasé al Casino o Pequeño Palacio del gran duque, en Kaminiostrov, que es donde da sus bailes y mascaradas en invierno. Está adornado con buen gusto y hay allí una colección de pinturas en que se descubren algunos paisajes de mérito y algunas buenas copias. Los adornos de la sala de compañía en escultura de madera, doradas, son excelentes y del mejor gusto que he visto en este género de trabajo... festones y guirnaldas de flores que corren por el sofá y en dos grandes candelabros, son de una ligereza e imitación inimitable. De aquí examiné la iglesia que está inmediata y es bonitilla, con algunos cuadros a la italiana.

Luego pasé a un alojamiento o cuartel que hay inmediato para marineros inválidos, mas hallé que estos están actualmente cerca de Gatchina en los alojamientos que yo he visto y que aquí no hay más que gentes de la familia del gran duque. El jardín este no es cosa, mas la situación es deliciosísima y las villas de Strogonof y otras están vecinas. Vi aún unos pequeños apartamentos que están construidos cerca de los invernaderos, con buena idea para almorzar y comer en el invierno, por variación.

Luego a casa de mi amigo el doctor Guthrie, con quien tomé té y cenamos. La señora es amabilísima. A la una, a casa, donde encontré un billete de visita del príncipe de Ligne que ha llegado de Zarkoie-Selo... no es mal agüero.

5 de agosto
En casa del doctor Rogerson, que es amigo y a quien conté la persecución y se interesó como amigo. Después a casa del señor Fitz-Herbert, que supe deseaba verme y que era verdadero amigo, quien me recibió como tal. Vio la carta que yo había escrito a Macanaz y me dijo que ellos no la representaban

fielmente, pues a él se la habían hecho ver alterando mi expresión de «inferiores» por la de *mujiks* o «lacayos», mas que aún así le había parecido bien. Y que me aconsejaba dar copias a Bezborodko y Mamonov, pues a él le parecía que nada absolutamente había en esto de impropio, sino muy conforme en todo a mi dignidad y que en la conducta de Ségur no veía otra cosa más que tener miedo aun de su propia sombra, conduciéndose como niños. Y se me ofreció como verdadero amigo para cualquier cosa que pudiera ofrecérseme, o en Inglaterra. Confieso que este alivio en medio de tanto enemigo y circunstancias de extranjero sin amigos, etc., me fue de mucho consuelo.

De aquí me fui a ver la Iglesia de los Armenios, sobre la gran perspectiva, que es bonita y de muy buena arquitectura; vimos vasos, ornamentos, etc. Di aún una vuelta al mercado y entré en las tiendas de peletería que contienen las mejores y más ricas del mundo, donde vi algunas pellizas de 8 y 10.000 rublos de valor. De aquí descendí al palacio que está enfrente, edificado por la emperatriz Ana, que se llama Anitsky-Dvor —Palacio de Ana— y fue últimamente del príncipe Potemkin, que lo ha vendido a no sé quien. Hay en él una vasta columnata hecha por el príncipe, que anuncia magnificencia, mas no tiene proporción ni gusto. Esta se dice que dio origen a la de su magnífica casa de Guardias a Caballo.

A las tres fui a comer con el señor Raikes, donde hubo, a más de la señora Raikes, dos señoritas inglesas sentimentales, que animaron infinito nuestra sociedad y no puedo ponderar la novedad con que hoy gentes de su sexo hablan de asuntos literarios, después de tanto tiempo que aún ni los hombres se daban por entendidos.

Después estuve a tomar té con mi buena amiga la señora Guthrie y habiendo sabido que la emperatriz había llegado a las seis y media de la tarde de Pella al Palacio de Verano, me fui allá a eso de las diez para ver a mi amigo Mamonov, mas no se recibía a nadie, según la orden que tenía el centinela y mi borracho de criado me explicó. Queriendo yo volver a cenar, como ofrecí a la señora Guthrie, éste me paró el coche en medio de la calle, me preguntó si yo quería volver a casa del señor Guthrie y diciéndole que sí, me respondió: «Pues yo no. Muy buenas noches» y me plantó allí. Y así tuve que volverme a casa, que es la única palabra que sé decir en ruso a los *svoschiks*. ¿Habrase dado insolencia semejante en el mundo entero? Mas lo peor es que no tengo criado para ir mañana a las diez a Palacio.

6 de agosto
Por fortuna vino el antiguo glotón y me marché a Palacio, donde me condujo por los apartamentos altos un criado que, no entendiéndome, me quería conducir al cuarto de la emperatriz, mas Anhalt, a quien encontré luego, remedió la equivocación y me envió a los cuartos de Mamonov, que había ya subido a los de la emperatriz. Y así me fui a casa de la señora Ribas que me aconsejó que volviese a Palacio, donde estaría todo el mundo hoy.

Efectivamente, llegué a las once y luego salió la emperatriz para ir a la iglesia de Preobrajenski y me hizo una cortesía bien marcada al pasar; me quedé allí hablando con distintas gentes de mi conocimiento hasta la vuelta. Llegó Normandez y los Borbones, muy hinchados y Bezborodko me habló en medio de todos ellos con bastante distinción, citándome para hablar en su casa mañana a las siete de la tarde. Yo no hice caso ninguno de ellos.

Vino la emperatriz poco después de las doce y siguiendo a los apartamentos donde come hoy con sus oficiales de dicho Regimiento de Preobrajenski, como coronel, yo me uní a su comitiva y seguimos juntos. Sirvió Su Majestad la *shala* en dos salvillas que tenían otros y ella cogía con sus manos estando de pie, lo que indica que ésta era la antigua costumbre del país. Luego pasó a la mesa donde comió con todos los oficiales de este Regimiento solamente, ella en uniforme igualmente, con vestido de mujer. Hubo gran concierto y algunas arias por los mejores músicos italianos que hay allí en el día y no valen gran cosa.

Los ministros se retiraron un poco después y así las demás gentes, mas yo me quedé allí haciéndole mi corte con el príncipe Bariatinski, Orlov, etc. y el Gran Chambelán Schuvalov me habló con mucha amistad. Su Majestad me habló de lejos con suma bondad y Mamonov saludó profundamente. En fin, viendo que era ya bastante tarde, me retiré para ir a buscar que comer y apenas llegué a casa del señor Betzky a los postres; me trajeron un poco de sopa, etc. La emperatriz pasó a eso de las cuatro —sola con una dama y un oficial a caballo, que es como va ordinariamente— al Palacio de Invierno, donde ha permanecido.

Después de un largo *tête-à-tête* con la señora Ribas, me fui a tomar té con mi buena amiga la señora Guthrie y con el doctor, con quienes he pasado agradablemente el tiempo. Vino Fraser, el Secretario de Inglaterra, que nos dio canciones de marinero borracho a hacernos reventar de risa y la señora Guthrie nos cantó una *Canción de la Piedra*, sumamente bonita y espiritual —como la copia adjunta hecha por su Banquero en Suecia—. La señorita Golois aún nos dijo algunas bastante mal. Mas duró nuestra alegría y risa hasta más de la una que nos retiramos, temiendo no levantasen el puente para el pase de las embarcaciones que siempre se hace a eso de las dos.

7 de agosto
Vino Sprengtporten por la mañana y fuimos a ver su yate en que pensábamos volver de Schlüsselburg y por cierto que es muy bonito. Luego estuvimos en la posada inglesa, que llaman, en esta misma calle de la Línea Inglesa y vimos la sala en que se dan los bailes de asamblea, por suscripción de los comerciantes ingleses, muy bonita por cierto y toda la casa es bastante buena. Fuimos aun a admirar la estatua de Pedro I, que no se aproxima sin gusto, ni se deja sin disgusto contra el autor del asesinato de la piedra.

De aquí fui al campo a comer con el copero mayor Narischkin que, con su señora, me recibió con sumo gusto. Esta me dijo que Mamonov le había enseñado mi nota que le dejé en Zarkoie-Selo, a la emperatriz; y De Ligne me dijo que la emperatriz le dijo aquel mismo día, que había visto allí a un sujeto que siempre veía con sumo gusto, el conde de Miranda, a quien estimaba mucho.

Comimos en la mejor sociedad y después estuve en lo alto de la casa, donde se descubre, desde una galería cubierta, hermosísimas vistas. El coronel Miguel Rumantzov estuvo conmigo y me dijo algo de lo que había oído de mi disputa con el encargado de España.

De aquí fui a las seis a casa de Bezborodko que me hizo decir por su suizo que viniese a las ocho en punto y así me vine a mi alojamiento, que está inmediato, hasta dicha hora. Llegué y hallé a Markov, Suchube y otros allí. Yo entré luego con el conde a su apartamento, donde me llamó y nos sentamos a hablar despacio y desahogadamente de mi asunto. Me dijo que

Normandez había estado con él y le había dicho que si él hubiera estado aquí, nada hubiese ocurrido, porque con buen modo me hubiera hablado y todo se habría compuesto amigablemente. Que en cuanto a la petición hecha por Macanaz, él la negaba absolutamente, pues en caso de que tuviesen instrucciones para ello, de ningún modo convendría el declararlo y que luego, si yo fuese el sujeto que él se presumía, para qué entrar en una polémica como él lo había hecho, etc., etc. Mas que en vista de la carta que yo había escrito a Macanaz, él estaba precisado, como ministro de España, a pedir el que yo le diese una satisfacción por escrito, hallándose injuriado. Y que yo me había presentado con uniforme en un día de gala en la Corte, en su presencia, que era cosa fuerte y que le habían dicho que yo había desistido de ponerme el uniforme. A que se le dijo la misma respuesta que ya estaba dada anteriormente, sin más variación, pues Su Majestad me había ya acordado su protección y la estima que me profesaba era personal y no por rangos ni títulos.

Me dijo asimismo que la emperatriz esta mañana le había ordenado que me diese cartas muy expresivas y de fuerte recomendación para todos sus ministros en países extranjeros, que me protegieran, prestasen auxilio en su nombre, etc. y que si yo hubiese de necesitar alguna cosa más, que le avisase; si volvía aquí sería siempre muy bien recibido y que si pensaba venir a establecerme en Rusia, que me daría un acomodo ventajoso con sumo gusto, etc., etc. Asimismo, le había dicho Su Majestad que me introdujese en sus pequeños apartamentos para besarle la mano en despedida, lo mismo que se había hecho en Kiev, pues quería que en nada se disminuyese la distinción que me había hecho y que así me hallase mañana a las doce en Palacio, que él compondría todo a mi mayor satisfacción, pues así era la voluntad de Su Majestad.

Yo le di gracias por todo y le pedí en amistad, me dijese si iba errado o si había faltado en algún punto esencial de mi conducta, pues mi ánimo era solamente preservar mi honor y dignidad, sin ocasionar ofensa a nadie, a que me dijo que todo estaba perfectamente bien.

De aquí fui a casa del caballerizo mayor Narischkin, con cuya familia pasé el rato agradablemente y observé allí un órgano y piano-forte al mismo tiempo, inglés, que es hermosa invención y de bellísimo sonido, cosa moderna. Mi predilecta la señorita Marie, tan graciosa y buena amiga. A las diez fui a casa de mi amigo Mamonov, que no me recibió y es cierto que estaba ya a la mesa y tal vez estaba allí la emperatriz. Me fui a casa y a la cama.

8 de agosto

A Palacio a las once y media. Me habló D'Horta y Déboli, los otros se hicieron los desentendidos y luego vino el príncipe Bariatinski a decirme que pasase a los apartamentos privados de Su Majestad para besar la mano y despedirme y que Su Majestad le había dicho que me retuviese a comer con ella hoy en el Ermitage. Vino un oficial de guardias de parte de Bezborodko que me enseñó el camino de los apartamentos interiores y noté que los rivales se quedaron algo suspensos.

Después de la iglesia vino Su Majestad, a quien besé la mano y me dijo con sumo agrado si quería partir ya y que me deseaba muy buen viaje; después me habló del clima de Petersburgo y otras cosas. Bezborodko me dijo que después de comer me enviaría todos los despachos a mi casa. Entramos luego al Ermitage solo las personas convidadas a comer, que no eran más que once, a saber: príncipe de Ligne, señorita Protassof, gran chambelán Schuvalov, conde de Bruce, Bariatinski, Mamonov, caballerizo mayor y yo, copero mayor, la señora Skavronska y Su Majestad. Me preguntó qué me parecía y se puso a jugar un poco al billar con muy buen humor; hizo un *chassé* y todo el mundo estaba sentado sin ceremonia. Me hablaba ocasionalmente y me preguntó si había visto las Loggias de Rafael; íbamos a verlas y lo dejamos para después de comer. Mamonov me dio mil satisfacciones por no haberme recibido, etc. y nos pusimos a comer. Hablose de América, su posición geográfica, historia natural, animales, de sus antigüedades, etc., ayudándome Su Majestad a combatir los errores de Pauw, de que parece estaba imbuido Schuvalov.

Acabado, fuimos a las Loggias —o Biblia de Rafael, que admiramos como es justo y no pude menos que decir a Su Majestad que para verlas bien, ya era menester venir a Petersburgo, pues en Roma apenas se distinguía mucha parte de ellas y que la posteridad le daría las gracias por haberlas presentado, asimismo que las estatuas principales que se hacían en bronce en la Academia de Ciencias, que le sonó muy bien. Y me dijo: «Con todo eso me cuestan muy baratas, solo 22.000 rublos, creo».

Luego fuimos por todo, enseñándome distintas cosas y yo le decía que este sitio era peligroso solo porque robaba insensiblemente el tiempo cuando se entraba en él. «Es verdad», me dijo. Después a la Pajarera, donde me dijo: «Vea usted, aquí de sus compatriotas» y hablando no sé qué de España, me dijo que las cosas entre nosotros estaban, a lo que le parecía, muy mal entendidas.[7] Hay aquí más de 500 pájaros de todas partes del mundo.

---

7 **[Carta circular del conde de Bezborodko al embajador de su majestad imperial en Viena, príncipe de Galitzin y a los ministros en París, Londres, La Haya, Copenhague, Estocolmo, Berlín y Nápoles, fechada en Kiev el 22 de abril de 1787.[1]]**

El conde de Miranda, coronel al servicio de Su Majestad Católica, habiendo llegado a Kiev durante la estancia de la emperatriz en dicha ciudad, tuvo el honor de ser presentado a Su Majestad Imperial y de conciliarse, por sus méritos y cualidades distinguidos y entre otros, por los conocimientos adquiridos durante sus viajes por los diferentes continentes del globo, la benevolencia de nuestra Augusta Soberana.

Su Majestad Imperial, queriendo dar al señor de Miranda una muestra señalada de su estima y del interés particular que le profesa, ordena a Vuestra Excelencia, cuando reciba la presente carta de mi parte, conceder a este oficial un recibimiento conforme al caso que ella misma hace de su persona, testimoniándole todos los cuidados y atenciones posibles, dándole su asistencia y protección cada vez que lo necesitare y cuando quiera él mismo recurrir y finalmente, ofreciéndole, llegado el caso, su propia casa por asilo.

La emperatriz recomendándole, Señor, este coronel de una manera tan distinguida, ha querido demostrar hasta qué punto ella aprecia el mérito donde lo encuentra y que un título indefectible ante ella, para poder aspirar de preferencia a sus bondades y a su alta protección, es el de poseer tantos méritos como el Señor conde Miranda.

Tengo el honor de ser, etc.

P. S. Siendo voluntad de la emperatriz que el contenido de esta carta quede en el secreto impenetrable, me apresuro, Señor, en comunicar a Vuestra Excelencia sus órdenes.

Al señor conde de Miranda En su propia mano.

[Pasaporte imperial otorgado por Catalina II a Miranda]
Nos, Catalina II, por gracia de Dios, emperatriz y Autócrata de todas las Rusias y, etc., etc., etc.

Se notifica por medio del presente a todos y cada uno a quienes concierne saberlo, que el portador del presente, el coronel Miranda, es enviado como Correo a Londres y vuelta a Petersburgo, vía Estocolmo y Copenhague.

Por esta razón, Nos, rogamos amistosamente a todos los gobiernos y a cada uno según rango y posición, a quien sea presentado este documento y deseamos; mientras que a nuestros gobernadores militares y civiles con benevolencia ordenamos, que al mencionado coronel Miranda, lo mismo ahora que sale de Rusia, como después regresando a

Fuimos hacia Palacio y me llevó a sus entre suelos, donde me enseñó infinitas miniaturas, esmaltes y cosas curiosas de que están llenas las paredes, nasas, etc., filigranas de la China, Persia, Turquía, etc. y me decía que a veces le disgustaba el ser tan rica. ¡Oh, qué verdad hay en ello! De aquí al cuarto de su cama, donde nos despidió con sumo cariño y me dijo daría sus órdenes para que me enseñasen el Palacio de Mármol, el martes y Pella, el miércoles siguiente.

En el cuarto inmediato me detuve con Bariatinski y la señora Skavronska a ver los diamantes de la corona, que están en dos grandes bandejas cubiertas de cristales, sumamente riquísimos y se distinguen principalmente un gran rubí, el mayor que se conoce, que está en el centro de la diadema de la Corona, como un huevo de gallina, un poco irregular la forma, mas bellísimo color y el famoso diamante, regalo de Orlov, que le costó 400.000 rublos y está en la punta del cetro, montado al claro, del tamaño de un pequeño huevo de paloma, como lo dice el modelo que me dio Betzky. El rubí será tres veces mayor que éste. Después descendimos y la señora Skavronska me hizo mil agasajos, después que los días pasados no me había querido recibir.

Fui a casa a aguardar las cartas de Bezborodko que por fin me envió con un secretario suyo y una libranza de 2.000 ducados de Holanda, que no me agradó, pues la suma pedida eran 10.000 rublos. En fin, me fui a tomar té con mis amigos, el señor y la señora Guthrie y éste me prometió ir mañana temprano a buscarme algún dinero sobre ella en casa de Sutherland, para pagar mi coche, pues no me quedaba un ochavo y era necesario ir a las

---

Rusia, no solamente se le deje pasar libremente y sin demora en cualquier parte, sino que se ordene toda clase de ayuda y benevolencia requeridas, por lo que Nos, prometemos a todos los gobiernos corresponder recíprocamente en tales casos. En cuanto a Nuestros súbditos que cumplan esta orden Nuestra.
Como testimonio de ello se extiende este pasaporte sellado con Nuestro sello de Estado. En San Petersburgo día... de agosto de 1787.
Por ucase de Su Majestad Imperial.
Firma ilegible

7.1
Aunque entregada en Petersburgo, la emperatriz dispuso que esta Carta Circular fuera fechada en Kiev el 22 de abril, como había sido prometido. (Nota de Josefina Rodríguez de Alonso)

nueve a Gatchina para despedirme. Cenamos y este amigo quedó en hacerme la diligencia. Me retiré a casa a la una.

9 de agosto
Vino mi amigo Guthrie antes de las nueve y me trajo 200 rublos que tomó de un amigo, pues en casa del Banquero aún no despachaban y era necesario alterar la orden, etc. Yo me habilité y marché a las nueve y media a Gatchina, donde llegué a las doce y media. Entré en casa del conde Puchkin, que me recibió muy civilmente y me preguntó si había ya tomado licencia de la emperatriz... con que mi venida fue muy a propósito y me dijo que comería con los grandes duques y antes de comer podría despedirme. Estaba allí el médico Kruse que me habló con amistad y me dijo que creía que yo estaba enamorado de Rusia y que no partía, etc.

En fin, fuimos a pie el conde y yo a Palacio y poco después salió el gran duque, que me dijo había oído que yo quería dejarlos, etc. La gran duquesa me habló igualmente y yo le besé la mano despidiéndome de su Alteza Imperial en los mejores términos que pude. Comimos después y yo procuré conversar con un caballero amable e instruido que me quedaba al lado. La gran duquesa y aún el duque me hablaron en algunas ocasiones.

La mesa concluida, nos retiramos a la sala del café, vinieron las princesillas y yo entablé conversación literaria con el señor Epinus. La gran duquesa vino a reunírsenos y entramos en materia por más de hora y media, en que me dio mucho gusto oírla discurrir acerca de la futilidad de la literatura francesa en general, lo mucho mejor que en esta parte le parecía la alemana y lo superior a ambas que debía ser la inglesa, cuyo idioma se proponía cultivar, aunque le costase infinito, por el gran interés y provecho que le resultaría en leer los clásicos de esta nación sólida y filosófica. Yo entré con tanto más gusto en la conversación, cuanto que me pareció era su intento oír mi opinión en el particular y acerca de literatura en que poco se había aún ofrecido hablar... y yo creo que desde el principio le he debido buena voluntad.

Me despedí del buen Epinus y a las cinco partí para Petersburgo. Fui a cenar con Betzky y la señora Ribas y después a casa de Narischkin, el caballerizo mayor, donde encontré a mi amigo Guthrie. Tuvimos sociedad brillante y cenamos. Un oficial de guardia Hanikov, buen muchacho, fue rudamente tratado por un viejo, que no le toleraba que hablase contra algunas de las absurdas opiniones de Buffon y Voltaire; si no es por Guthrie y yo que lo sostuvimos... Faltándome coche, mi Q. M. me hizo poner uno inmediatamente y nos retiramos Guthrie y yo a medianoche.

10 de agosto

Temprano en casa de Melissino, que nos aguardaba, a De Ligne y a mí, para un ejercicio de su Cuerpo de Cadetes en totalidad. Yo llegué a las diez, vi el Cuerpo que estaba ya sobre las armas y es hermoso a la verdad. ¡Oh, qué bella juventud la de esta nación! Lo reviste un poco y a las once y tres cuartos me fui, porque De Ligne aún no aparecía y yo tenía que ver a Bezborodko al mediodía.

Efectivamente lo encontré en casa y dije la diferencia que notaba en la Letra de Cambio y que, además, yo necesitaba en todo 2.000 libras. «Muy bien, cuanto usted gustase; yo había escrito para que se le suministrase a usted el dinero de correo en Estocolmo, que son 300 ducados y además aquí, para pagar lo que usted hubiese gastado. Mas no importa. Véase usted con Sutherland y dígale usted que haga todo como usted gustase y si para ello necesitase hablarme, que me vea, etc.»

Quedé muy satisfecho, pues conocí que la emperatriz estaba decidida a servirme en todo. Y me fui al Palacio de Mármol, donde hallé el oficial encargado y criados de Su Majestad que me aguardaban. Dicho oficial hablaba inglés y así seguí con este guía viéndolo todo muy pormenor: sala de recibimientos, en que hay excelentes bajo relieves de madera flamencos; sala en que están los bustos de los cuatro hermanos Orlov; la gran sala de mármoles, riquísima; sala de comer, galería de pinturas en que hay muy buenos Van der Werff y otros flamencos; gran sala de baile de bella y grandiosa proporción; baño en figura elíptica muy graciosa, etc., etc. y los adornos y muebles de tanto gusto como riqueza. De modo que no creo haya palacio en el mundo tan perfectamente acabado en todas sus partes y con mejor comodidad o situación. ¡Qué vistas tan hermosísimas sobre el Neva y a distancia desde sus alturas...! En fin, creo que de cuantos llevo vistos, ninguno escogería para vivir, sino éste, el clima excepto.

Subimos arriba al belvedere, de donde me parece se goza la mejor vista de Petersburgo. Todo el segundo piso es aún más agradable para habitar y está igualmente bien compuesto. Este edificio presenta a distancia —de la fortaleza por ejemplo— una bellísima proporción en conjunto y aún cuando se aproxima, sus adornos son de gusto, sencillez y juiciosamente distribuidos. La fachada seguramente no es buena ni puesta en su lugar y la escalera algo oscura. Un ala presenta cinco ventanas y la otra tres, en el frente, siendo muy desiguales entre sí. Mas, sin embargo de todos estos capitales defectos, es uno de los mejores edificios que pueden verse en el mundo entero y merece la atención de cualquier viajero instruido.

A comer con el doctor Guthrie que vino también a verlo, cuya inspección acabó a las tres y después de comer fuimos a casa de Sutherland, a quien, con motivo de habérsele muerto la mujer, no se podía fácilmente encontrar. Estuvimos con su cajero y después a su casa de campo, porque éste no sabía nada. Allí encontramos uno que me había estado buscando todo el día para entregarme 500 ducados, que el señor Strekalov, Secretario de la emperatriz, le había mandado me entregase sin falta en el día y le trajese un recibo de mi parte y el pobre había estado ya dos o tres veces en mi casa.

Le expliqué lo que quería y me dijo me seguía al instante en un *trusky* a la ciudad, mas que me suplicaba recibiese los 500 ducados, pues tenía orden positiva de entregar el recibo. Yo no los quise tomar porque creí que fuese equivocación. Mas reflexionando después sobre lo que me había dicho Bezborodko y mi amigo Guthrie que me dijo podría esto ser regalo de la emperatriz, cambié de opinión. Y cuando vino el cajero de Sutherland, que aun me repitió la instancia de que los tomase pues él estaba precisado a entregar mi recibo en el día al señor Strekalov, recibí los 500 ducados y vi que esto era un presente de la emperatriz para pagar mis gastos de Petersburgo, etc. ¡Qué delicadeza y generosidad! A Fitz-Herbert, me dijo el cajero, había también entregado 1.000 de la misma manera, naturalmente también para su viaje.

En fin dispuse que me formase una Letra de 1.000 libras para enviar a Londres y pagar las pequeñas cantidades que Gandasegui habría tal vez rehusado a mis amigos y me puse a escribir a todos, para enviar mis cartas con Fitz-Herbert, que me ofreció llevarlas e informarles de todo lo pasado, mucho en mi honor, según su opinión y que tendría mucho gusto en verme allí y poder servirme en cualquier cosa, etc., con muchas expresiones de fina amistad.

Fui a las diez a cenar con mi amigo Guthrie, donde me aguardaba Sprengtporten para acordar la hora en que debíamos partir para Pella mañana.

Cenamos juntos y nos debatimos nuestra partida a las diez, de casa de Demut, el con las damas que querían acompañarnos también y fijamos posadero donde vive Sprengtporten. Mi criado, a quien ayer noche envié a cambiar un billete de banco, se ha quedado con él, emborrachado y no ha aparecido...

11 de agosto
Fui a las ocho y media a casa del señor Fitz-Herbert que me dio de almorzar y se encargó de todas mis cosas para Londres con mucho gusto, repitiéndome lo mucho, en mi honor, que las cosas se habían pasado aquí, de todo lo cual informaría a mis amigos y que la emperatriz estaba tan predispuesta en mi favor, que si yo quería entrar en el servicio, ningún extranjero lo habría jamás conseguido con mayor ventaja, etc. Me despedí de él y fui con el señor y la señora Guthrie, que me aguardaban con su coche a la puerta, a casa de Sprengtporten, que con el coche pronto a seis caballos, nos aguardaba en la posada.

Ribestzkoy-Pella Chlüsselburg

Partimos a las once AM los cuatro: Sprengtporten, su hijo, el doctor Guthrie y yo. Las damas quedaron en reunírsenos en la casa de Narischkin mañana. El camino está pesado por la lluvia, sigue siempre por las orillas del Neva, que es una hermosura en esta estación. A 7 verstas de la ciudad está un edificio en que hay una manufactura imperial de porcelana y 2 verstas más adelante, una hermosa villa con bello jardín, perteneciente al procurador general Viazemskoy.

Siguiendo más adelante y a 5 verstas, observamos que una rueda del coche iba a deshacerse si no la reparábamos y así nos detuvimos en el lugar de Ribestzkoy, donde encontramos un herrero que inmediatamente se puso a la obra y en una hora la compuso. Nosotros en el ínterin nos entretuvimos en ver las riberas inmediatas que son elevadas y ofrecen las más agradables posiciones que quiera imaginarse para edificar casas de campo. Entramos también en varias casas de paisanos, que son pobres y bien calientes, con buena provisión de muchachos, como las demás en Rusia.

Tomamos el coche cerca de las tres y a las cuatro y media llegamos a Pella, 16 verstas adelante. Nos dirigimos luego a ver el Palacio, o casa antigua de Nepluyev, de quien lo compró la emperatriz. A una gran glorieta y terraza de madera sobre el río, que es sumamente agradable, luego a la casa, que está en terreno elevado y comanda hermosísima vista en el cuerpo espacioso de aguas que delante forman el Tosna y el Neva que lo recibe. Los apartamentos están amueblados aún como el antiguo dueño los tenía y toda la casa es de madera. De lo alto de ella, donde hay una especie de belvedere, se goza de una vista extensa y agradable. Se ve perfectamente la casa y el jardín de Volkonski, muy bien situada a la embocadura del Tosna, que entra en el Neva aquí. La casa de Falejov —el de Krementchug— y del príncipe Potemkin y de Narischkin, que están por la parte superior de la catarata, etc.

Y como nuestro doctor muere de hambre ya y hace frío aquí, nos fuimos a tomar un bocado en casa de un *traiteur* que hay aquí en el lugar. Allí comimos con el mejor apetito del mundo —ioh, qué placer!— un pedazo de jamón y un vaso de Porter de nuestras provisiones, con algunos huevos

147

que añadió el *traiteur*. Concluido nos fuimos hacia el Palacio a ver la fábrica de este inmenso edificio que está ya mucha parte cubierto y en dos años se cree estará acabado. Vimos el modelo en un cuarto de la casa antigua y por él se forma cabal idea de lo que éste será cuando concluido. Veinticinco cuerpos o palacios, reunidos por galerías cubiertas perfectamente para comunicar entre sí, sin el menor incomodo, forman este vastísimo y según me parece, el más vasto palacio que existe, a imitación de las antiguas Termas. La Gran Sala ocupa todo el primer cuerpo y por su grandiosidad será tal vez la mayor de que tengamos noticia aun. La de las Termas de Diocleciano que sirve de iglesia y el Panteón de Roma, son pequeñas cosas. Las proporciones de ésta y asimismo de todo el edificio, tanto por fuera como por dentro, parecen hermosísimas y el conjunto, a distancia, es bello.

Subimos encima de los techos para ver mejor la estructura, solidez y materiales. De aquí se ve Petersburgo. Hallamos que el ladrillo, aun el que se llama mejor, es malo; el granito de que se forman los pedestales o basamentos, muy bueno, blanco con pequeñas pintas negras, escogido y bien trabajado. Un sobrestante nos informó, que por sentar mil ladrillos se pagaban 2 rublos y medio al albañil y así es que tales obras se hacen con tanta facilidad aquí.

Nos paseamos después por las riberas del río —una mujer desnuda que entraba en el baño y venía del río, se rió y nada más— hacia los rápidos, que son las cataratas y vimos descender algunas barcas con la vela en facha y popa adelante. Allí se ven las marcas de un canal que Pedro I había comenzado a cavar para evitar aún este paso a las embarcaciones que deben aprovisionar a su favorita Petersburgo y no sé, a la verdad, por qué no se continuó la obra después del canal inmenso de Ladoga que es con el mismo objeto. Observamos igualmente varios bloques de granito con bandas de materia de otro color y calidad, que aquí llaman «piedra de alianza», formado por la simple naturaleza.

Tomamos nuestro coche y seguimos 5 verstas más adelante a la casa de Narischkin, para cuyo mayordomo traía yo carta del amo. Encontramos una bonita ama, que nos recibió muy bien y nos dio té y excelente crema y leche inmediatamente. Vino el marido luego, que había ido de caza y trajo cerca de dos docenas de aves que había matado en tres horas de tiempo esta tarde y se quejaba de que no había encontrado bastante. Este nos preparó camas inmediatamente lo mejor que pudo, pues, como llevo dicho, no es la costumbre del país y así nos faltaban dos cubiertas y sábanas, porque estas pobres gentes no tenían más. Mi pelliza me hizo muy buen servicio.

Este sitio fue regalado por la emperatriz a Narischkin. Se llama «Petrushkin» y está agradablemente situado sobre una ribera bien elevada del Neva, frente a la casa del príncipe Potemkin que está en la ribera opuesta y hay una pequeña isla entre las dos. A las diez nos fuimos a la cama de muy buen humor. El doctor se encargó de llamarnos temprano.

12 de agosto
A las cinco de la mañana nos hizo levantar el doctor y tomamos café. Partimos a las seis para Schlüsselburg, 22 verstas de aquí y pasando los ríos Maga, que es el mayor, Moïka y dos o tres más pequeños que descargan en el Neva, proseguimos por muy buen camino costeando siempre este río y observando varios lugares de parte y otra y muchas fábricas de ladrillo que por el agua tiene su transporte fijo a Petersburgo, etc. Cerca de Schlüsselburg encontramos un regimiento de aquella guarnición, acampado y ejercitándose con artillería, etc. Entramos en la ciudad a las ocho y ésta parece un gran *village*. Dimos aquí vista al gran lago de Ladoga, a cuya embocadura del Neva vimos cerca de cien embarcaciones al ancla. Nos paseamos un poco por sus bordes para verlo alejor y encontramos un pescador que nos quiso vender un hermoso pez por carísimo precio.

Vino el bote del comandante de esta renombrada fortaleza o prisión de Estado, situada justamente en el conmedio del río a su embocadura del Ladoga y nos pasó, con un frío que hacía más que mediano. Su comandante, el brigadier Ziegler, alemán de nación, que nos dijo con sencillez que había comenzado a servir de soldado raso, nos recibió con suma atención, nos ofreció un vaso de vino y nos acompañó a ver el cuarto en que estuvo prisionero el príncipe Iván y donde probablemente fue asesinado, aunque el dicho comandante todo era decir, «igual, igual» y se ve que el prisionero tiene siempre una guardia dentro de su cuarto. Enfrente, en otra bóveda tan negra y sucia como la antecedente, observé que había muchos legajos mal conservados y por el suelo también y me dijeron que era el Archivo. ¡Oh, Dios!

De aquí seguimos dando la vuelta por todo el rededor de la fortaleza y entrando en los torreones de los ángulos de la construcción sueca y del tope de estos y sobre el tejado donde monté, se goza una hermosa vista de este bello lago. Luego bajamos a un recinto de altas murallas que se ha construido en un ángulo de dicha fortaleza y en medio hay un edificio en forma de paralelogramo, casi al rematarse, que contiene doce pequeños apartamentos en dos rangos y su cocina con su pequeñísimo patio que sin duda era la habitación que su marido preparaba para encerrar perpetuamente a la Gran Catalina. ¡Oh, qué horror al reflejar semejante idea!

Pasamos a la iglesia y del patio observamos que hay en el lado de la puerta de la fortaleza dos órdenes de bóvedas o calabozos en número de 25 y que seis de ellos solamente tienen la ventana tapizada con mampostería, con un pequeño agujero cuadrado en el medio, por donde entra apenas luz, que es la señal de haber un prisionero dentro.

Entramos de nuevo en casa del buen comandante que nos dio un buen vaso de Málaga y nos contó que no había distinción para ningún prisionero, pues ni aun el nombre se mencionaba y que el príncipe Dolgoruky había estado en una bóveda como todas, que son iguales. Dentro hay un horno que sirve para calentarse y hacer la comida por los soldados de guardia. Alguna división con tablas para la cama es toda la ventaja que se puede procurar a un prisionero. Y nos contó igualmente que la hija de su antecesor se había casado con un prisionero —el padre de la preciosa doncella de la casa del conde de Ostermann— y cada año hacían un hijo. Este buen hombre, que parece humano y es seguramente la principal cualidad de su empleo, es tan buen luterano que tiene allí por principal adorno la mujer de Lutero y este apóstol en estampa. La guardia que hay allí actualmente son 180 soldados de destacamento.

Nos retiramos de allí después de haberlo visto todo y el comandante nos acompañó hasta la puerta. ¡Oh, qué triste idea sin embargo dan semejantes habitaciones! Mi ánimo estaba en el abatimiento y la tristeza todo este tiempo y mucho después.

Repasamos en el mismo bote y examinamos las esclusas del Canal de Ladoga que se unen al Neva, donde hay una pirámide pequeña de madera y una inscripción en ruso que dice, naturalmente, que Münich el mariscal, lo concluyó en tiempos de la emperatriz Ana. Paseamos como 2 verstas a pie para ver alguna parte de esta vastísima obra, que está muy bien hecha y con la precaución de formar con la tierra que produjo, un dique por la parte de tierra para que el lago ni sus aguas puedan jamás inundar el país. Aquí se reconoce a Pedro I.

Estuvimos también para ver una manufactura de pañuelos que hay inmediata en dicha ciudad, perteneciente a un judío, mas no la vimos porque no había quien la manifestase en aquel tiempo y así tomamos nuestro coche volviéndonos a comer a Petrushkin, donde llegamos a las dos PM y en el camino encontramos un oficial general que venía de Petersburgo para revistar aquel regimiento. Hicimos nuestra comida con huevos y leche riquísima, que fue una delicia. Mas al concluir a las tres y media, cata la señora Guthrie y la señorita Golois que llegan y nos traen muy buena comida de Petersburgo, con que continuamos mezclando nuestra comida rural con la otra y divirtiéndonos grandemente. El doctor y Sprengtporten son excelentes miembros de la sociedad y el joven amabilísimo.

Tomamos después un bote y fuimos todos al otro lado a ver la casa del príncipe Potemkin, en que hace y deshace como un niño todos los días. Yo monté a la torre o belvedere que comanda una vista hermosísima. Nos volvimos en muy buen humor y tomamos las dos damas Sprengtporten y yo; el joven fue con el doctor Guthrie en el cupé y a las nueve y media llegamos a la villa del procurador general Viazemskoy que quisimos ver a aquella hora. Mas los jóvenes dueños que cenaban, no tenían civilidad suficiente para habérnoslo permitido y así nos fuimos al jardín que paseamos en parte y luego a un templo rotondo que está enfrente de la casa y, según pudimos juzgar, parece de buena arquitectura y bella masculina proporción.

San Petersburgo

Seguimos y a eso de las diez y media llegamos a casa del doctor Guthrie. Al entrar, una criada suiza bonitilla que tienen, creyó que éramos ladrones y corrió en camisa con una luz en la mano. Cuando la señora y yo llegamos delante de ella la encontramos aterrorizada diciendo: «*Ah, mon Dieu, mon Pére!*» y apercibiéndose de su error, apagó la luz y se retiró, dejándonos a oscuras. Reímos grandemente con el pasaje, cenamos en muy buena sociedad con los restos que trajimos y a las doce y media nos fuimos a casa.

13 de agosto

Fuimos a hacer algunas visitas y entre otras, a despedirme de la vieja condesa de Rumantzov, que junto con su hija la princesa N... me hicieron mil expresiones de cariño y amistad, regalándome la primera un retrato en busto de su hijo, el mariscal, que lo aprecio infinito y es el más parecido que he visto. Luego a comer con Betzky y la señora Ribas, quienes me regalaron un modelo del gran diamante, en plomo y dos medallas de cobre de la piedra del pedestal y la Institución de Niños Expósitos.

Después a casa de la condesa Galovkin con quien pasé la tarde en sociedad. Su marido me enseñó una bonita colección de libros que tiene. Tomamos té, hablamos en familia mucho acerca del país y cenamos a las diez, solos. A las doce a casa y tuve que dejar el criado, pues estaba muerto, borracho.

14 de agosto

Me estuve en casa escribiendo toda la mañana y tuve visita de Wielhorsky que es muy buen sujeto. A tomar el té con la señora Guthrie y a cenar en casa de Narischkin que me dijo que cuanto Coxe decía relativo a Schlüsselburg, era pura verdad, como que él había estado presente en la conversación que menciona y que varias veces le había hablado la emperatriz, admirándose de lo bien informado que estaba dicho escritor de cosas que muy pocos del Imperio sabían.

Le di las gracias por lo bien que su mayordomo de Petrushkin se había portado con nosotros y cenamos en muy buena sociedad. A las doce a casa.

15 de agosto

Estuve escribiendo en casa para Bezborodko y a las doce vino un oficial de policía de parte del gobernador a informarse si yo había partido, lo que me hizo sospechar que Su Majestad había querido informarse —y así fue— echando tal vez de menos mi carta de agradecimiento y así me puse luego a la obra.

16 de agosto

Concluí la carta de la emperatriz,[8] que consulté con mi único confidencial amigo, el doctor Guthrie y copiada se la envié a Bezborodko, con una copia traducida igualmente de la de Macanaz y mi respuesta que me había ya pedido antes.

A tomar té y cenar con la señora Guthrie y el doctor Guthrie y el que me contó le habían pagado una vez en el interior del país una curación con una

---

8   [carta de Miranda a Catalina de Rusia]
    San Petersburgo, 15 de agosto de 1787 v. e.
    Señora:
    Que Vuestra Majestad Imperial se digne permitir que ofrende a sus pies estas humildes expresiones de mi profundo agradecimiento por todos los favores y bondades que Vuestra Majestad se ha dignado concederme desde que tuve la dicha de serle presentado en Kiev y que han penetrado de tal modo en mi alma que no podré sino quedar inviolablemente atado a su Augusta Persona.
    Solamente un gran e interesante asunto como el que me ocupa actualmente, sería capaz de hacerme diferir el agradable y dulce placer de poder, por mis servicios, pagar en parte lo que debo a la benevolencia de Vuestra Majestad y de compartir con sus súbditos las ventajas inestimables e insignes de que goza la sociedad bajo su ilustre y glorioso reinado. Pero en cuanto mis compromisos sean fielmente cumplidos en otra parte, como tuve el honor de comunicar a Vuestra Majestad por el señor general Mamonov en Kiev, me atrevería a recordarle su promesa y espero que su bondad se dignaría aceptar los modestos servicios de un hombre sincero que no busca en todas estas gestiones sino el beneficio y la felicidad de los demás.
    La protección que la magnanimidad de Vuestra Majestad Imperial ha querido concederme, será siempre un nuevo motivo para que mis acciones resulten tan correctas como me sea posible y no dudo de que bajo tales auspicios mis deseos serán perfectamente realizados, a pesar de todas las invectivas de la cábala de un partido combinado.
    La Letra de Crédito que Vuestra Majestad ha tenido a bien agregar, será utilizada juiciosamente en caso de necesidad y siempre satisfecha por mi parte, teniendo el honor de considerarme con sincero agradecimiento y profundo respeto, de Vuestra Majestad Imperial, el más humilde y muy obediente servidor.
    Francisco de Miranda
    A la emperatriz Catalina II.

bonita muchacha de quince años que era esclava y los amos, no hallándose con sobrado dinero, le suplicaron la tomase... ¡Qué diantre de consecuencias no resultan de un error!

17 de agosto
Escribiendo igualmente al príncipe Potemkin y a mi amigo Ribas, igualmente que al general Levachov, dándole mil gracias por su hospitalidad y favores en alojarme en su casa, etc. y di 7 ducados a los criados de éste, de regalo. Leyendo a Wraxall, en lo que respecta a Petersburgo y escribí a Mamonov también, incluyéndole una disertación de mi amigo el doctor Guthrie.

18 de agosto
Estuve a despedirme de la señorita Protassof, favorita de la emperatriz, que me había dicho que la fuese a visitar a sus apartamentos y me ha manifestado siempre estima. La hallé que se entretenía en educar a sus sobrinas. Me recibió con mucha distinción, hablamos por una hora amigablemente y me despidió con afecto, encargándome muchas memorias para el conde de Voronsov en Londres y para el señor Fitz-Herbert que era su buen amigo.

Después a casa de la señora Skavronska, que igualmente me recibió con suma amistad y cariño; me enseñó su hija, que se parece muchísimo al príncipe y habla inglés perfectamente. Le ofrecí enviar algunos libros ingleses para su educación de Inglaterra. Hablamos amistosamente por más de una hora y luego me fui a comer con mis amigos Betzky y la señora Ribas, que siempre está pronto a politicar.

Después de comer, a eso de las cinco, pasé a la casa de campo de Bezborodko, 2 verstas fuera de la ciudad, sobre el Neva, viendo que no me respondía... Sus criados no me permitieron entrar a la sala donde estaba la compañía que se acababa de levantar de la mesa y bajé a esperar abajo, mas viniendo él con los demás para dar un paseo en el jardín, inmediatamente me pidió mil perdones. Nos fuimos a pasear juntos, y, separándose de los demás, me dijo cuán contenta estaba la emperatriz con mi carta y que le había dicho que me repitiese que le avisara de cuanto necesitase y que en subiendo arriba, en un instante me despacharía todo.

Paseamos una media hora enseñándome aquel vasto jardín que en un pantano está formado con inmenso gasto y luego entré en su gabinete y solos allí se puso a escribir. Primero una carta para Sutherland que me franquease todo como yo lo dispusiera; otra para que su secretario me pasase una copia de la Carta Circular de Su Majestad a sus ministros, que yo le había pedido por si faltase algún requisito y otra para el gobernador de Viborg para que me facilitase y enseñara todo en su provincia, etc. Añadiéndome que Su Majestad le había prevenido me dijese que, como los españoles me buscaban pleito sobre el uniforme, que si yo quería usar el de coronel de Rusia, no solamente nadie se escandalizaría, sino que le daría sumo gusto. Yo le di mil gracias por todos estos favores y honras que Su Majestad se dignaba hacerme y le dije que yo probablemente no usaría ya ningún uniforme y así me era inútil el español, mas que sin embargo recibía el honor de Su Majestad con sumo aprecio y reconocimiento.[9] Me dijo también que le escribiese de todas partes sin falta, pues Su Majestad desearía saber de mi suerte. Así se lo ofrecí como una obligación de mi parte y me despedí.

Dejé la carta en su secretaría y la otra al gobernador de Viborg que no estaba en su casa y me fui a tomar té y comunicar con mi amigo Guthrie, que me aconsejó tomase en todo caso el uniforme que Su Majestad me ofrecía tan honrosamente, aunque no fuese sino por honor y distinción particular. Vi que tenía razón y resolví escribir por ello.

19 de agosto
Temprano escribí a Bezborodko sobre el particular, pidiéndole me enviase aquel mensaje por escrito, pues pensaba hacer efectivamente un uniforme

---
9 **[Autorización a Miranda para poder llevar el uniforme de coronel ruso]**
Kiev, 22 de abril de 1787
Señor:
Su Majestad Imperial, persuadida de vuestro celo por su servicio y dispuesta a recibirlo en él, en el momento que Vd. encuentre conveniente, le permite, Señor, utilizar el uniforme de sus Ejércitos.
Teniendo el honor de comunicarle la voluntad de mi Soberana, aprovecho esta ocasión para dar a usted la seguridad de la consideración distinguida con la cual soy, Señor, su muy humilde y muy obediente servidor.
A., conde de Bezborodko
Señor coronel conde de Miranda
En casa del general Levachov.

de coronel de Rusia y servirme en caso necesario llamándome tal, puesto que Su Majestad quería favorecerme con tanta bondad y distinción. Al mismo tiempo llamé al sastre y ordené que me hiciese un uniforme de dicho rango, en el Regimiento de Coraceros de Katerinoslav —la gloria de Catalina— que comanda el príncipe Potemkin.

Fui a casa de Suthertand —que está encerrado por la muerte de la mujer— y dije a su cajero que aquella carta seguramente le quitaría los escrúpulos que ocasionaban su lentitud y me despacharía prontamente. Cuando la vio, el cajero quedó algo admirado y dijo que todo estaba muy bien y que le dijese lo que quería para despacharlo todo inmediatamente Ordené una Letra de 600 y otra de 400 rublos sobre Varsovia y Roma para enviar a mis amigos Nassau y Ribas, con otra de 1.000 libras para mi uso y un duplicado de la orden de Fitz-Herbert para enviar por el correo a Londres y todo, me dijo estaría pronto para mañana.

Comí en casa y después me fui a hacer mil visitas de despedida por la ciudad hasta la tardecita que me fui a ver a Betzky y luego a cenar con la señora Ribas. A casa a las doce.

20 de agosto

A casa de Sutherland donde todo estaba pronto.[10] Envié por el correo a mis amigos los duplicados de lo que escribí con Fitz. Escribí a Nassau y Ribas por medio de la señora Ribas y de Déboli, ministro de Polonia, remitiéndoles por

---

10 **[Letra de crédito a favor de Miranda]**
San Petersburgo, 18 de agosto de 1787
Señores:
Ruégoles tengan a bien pagar sobre esta Letra de Crédito al señor conde Francisco de Miranda, la suma o el importe justo de mil libras esterlinas contra las copias de sus recibos o los de su plenipotenciario, cargándolo a mi cuenta.
Tengo el honor de ser, Señores, su muy humilde servidor.
R. Sutherland
Señores Hope & Co. en Ámsterdam
Señor A. Sutherland en Londres
Pagado por mí, R. Sutherland, a cuenta de dicho crédito, la cantidad de ciento ochenta y siete libras, un Sol, ocho denarios esterlinos.
San Petersburgo, 18 de agosto de 1787.
R. Sutherland

duplicado las Letras de Cambio antecedentes y dándoles cuenta inmediatamente de lo que me había pasado.

Comí con mi amigo Guthrie y después fuimos a ver al profesor Pallas en su casa de campo —inmediato de Kurakin— quien solicitaba conocerme y yo lo mismo, mas los Borbones, que se lo ofrecían todos los días, no lo querían así. Hablamos de Historia Natural y de América, etc. y me dijo que el americano Ledyard, a quien Ségur había ofrecido el pasaporte desde Kiev, no lo había obtenido aún y se había marchado, el pobre, sin él y temía no lo dejasen pasar de la frontera. Yo me propuse hablar a Bezborodko si lo veía. Quedé convidado a comer con él a la vuelta de mi viaje a Viborg. La mujer con quien se acaba de casar es buena moza...

21 de agosto
He escrito a Gandasegui a Londres igualmente para que si acaso no hubiese cobrado el giro que me adelantó, se haga pago inmediatamente, etc. y he tenido visita De Ligne, ofreciéndome con mucha amistad su casa de Bruselas, etc., con muy finas expresiones.

Mi amigo el coronel Levachov, que parte mañana para Orel a reunir su regimiento y lleva consigo su moza que mantiene, me ha hecho buscar pasaporte y caballos, etc., para partir esta tarde a Viborg en mi calesa con el joven Sprengtporten que me acompaña, pues su padre no puede venir como me había ofrecido. Tomé té en casa de la señora Guthrie y luego fui a casa para hacer venir los caballos que no aparecían. Hoy he cambiado aun de criado por borracho y me ha venido un español, Francisco, que desertó de Inglaterra en tiempo de la guerra y era marinero en nuestra escuadra.

Me despedí tiernamente de mi buen huésped Levachov y tomé mi calesa con algunas provisiones de boca que dicho amigo me había hecho preparar en casa y me dirigí hacia casa de Guthrie.

Viborg

22 de agosto

Después de cenar con el doctor y la señora Guthrie (día 21) nos pusimos en marcha en mi calesa el señor William Sprengtporten y yo. Partimos a las diez de la noche y por un camino bastante bueno —excepto la segunda posta— seguimos nuestra ruta en la forma que sigue: país pedregoso y cubierto de monte por todas partes, apenas se descubren trazas de agricultura alrededor de los pueblos que son pequeñísimos muy pocos y sus habitantes muy infelices. Entramos en algunas casucas que sirven de casas de posta y aunque miserables, bastante aseadas y las gentes tienen aire de buena hombría y hospitalarios, mucho más que en los otros pueblos de rusos que he visto. El traje y modos aún difieren de los rusos.

Al entrar en Viborg, lo pedregoso del terreno, etc., se me figuraba la entrada de Trujillo en Extremadura. Llegamos a las ocho y media de la tarde. El gobernador nos tenía ya prevenidos apartamentos en la posada; fuimos a verlo inmediatamente. Nos convidó a comer mañana y dijo que la emperatriz le había encargado me hiciese ver todo con puntualidad. ¡Qué soberano! Tuvimos nuestro té y una pequeña cena, todo muy bien servido en dos apartamentos con sumo aseo, que el gobernador tenía ya prevenidos en la posada, con camas, etc. El sobrino de Nolken, el ministro de Suecia, estaba aquí con su flamante esposa, de paso para Estocolmo y partió por la mañana.

De Petersburgo a	Verstas
Dranchikov	25
Belaostrov	16
Río Sisterbeck, que marca los confines de la Ingria y Finlandia[11]	
Lindalova	18
Pampala	20
Siuvenoya	19
Mekere	20
Riachuelo	

---

11   Nos volcó el cochero en medio del camino, mas no nos hicimos mal. (Nota de Miranda)

22 de agosto

A las nueve vino el ayudante del gobernador, Sherbei y poco después el teniente coronel Yekeln, con quien salimos a visitar el recinto de la plaza, dando un paseo por encima del parapeto, de donde se ven perfectamente los alrededores y parajes donde camparon las tropas rusas que sitiaron y tomaron la plaza en tiempo de Pedro I, posición de la división de Apraxin, etc. ¡Qué rocas y más rocas por todo el rededor!

La ciudad toda está situada sobre una masa enorme de granito. Observamos sobre dicha muralla una antiquísima cureña sueca de hierro, como las que modernamente se creen nueva invención en Inglaterra. Observamos el paraje por donde Pedro I, el hábil ingeniero, abrió la brecha a dicha plaza. El reducto o batería que plantó para ello y aún se conserva con su nombre por memoria, etc.

De aquí bajamos, después de haber recorrido más de 3 verstas, para ver el oficio en la Iglesia Finlandesa, que es un edificio gótico y había decente congregación. A la Alemana luego, en que estaba el gobernador que es livonés y muchas de las principales damas. Después a la Rusa, que estaba llenísima de gentes y hacía un calor de los demonios. ¡Oh, qué gusto ver a los hombres reunidos y tolerantes, sin aborrecerse unos a otros porque sus persuasiones sean diversas!

Tomamos aquí el coche del gobernador, que se llama señor Hinsel y es teniente general del Ejército y pasamos el puente para ir a la fortaleza de Santa Ana, que es una extensa obra a corona para abrigar los puestos comandantes desde donde Pedro I atacó la plaza. Mas por evitar un defecto se ha formado otro, que es hacerla demasiado extensa. Montamos por curiosidad en lo que se llama batería de Pedro I, saltando rocas y más rocas. Visitamos algunos cuarteles que sirven de alojamiento a las tropas en el modo ruso, su horno y entablado alrededor, sin más cama.

De aquí bajamos a un arsenal en que hay la artillería de la guarnición y después entramos a hacer visita al general comandante, brigadier Delwig, teniente general, que me parece hombre civil. Me convidó a comer mañana y me prestó un plano de la catarata de Imatra. Luego a la torre del castillo que llaman y es un antiquísimo edificio que seguramente servía de alojamiento al señor del país en otro tiempo. Del tope de esta torre, que se descubre desde gran distancia, se comanda una hermosísima vista y se ve casi toda la ciudad. La dejé con disgusto, pues se aproximaba la hora de comer y el gobernador aguardaba.

Fuimos sin embargo en el coche a ver un casino de campo, llamado «Mon repos» que el príncipe de Wurtemberg, gobernador general de la Provincia, ha hecho inmediato a la ciudad, en un paraje verdaderamente romántico y solitario. De la altura de algunas rocas se goza de muy buenas románticas vistas de rocas, lagos y bosques. A la una y media, a comer con el gobernador que ya nos aguardaba. Aquí encontré al procurador señor Schilling, hermano de la señora Benkendorf, que ha servido en el Regimiento de Irlanda y ha estado en la casa de O'Reilly en el puerto de Santa María. Tuvimos con la *shala* un pastel grande de pescado que nos lo comimos enteramente y consecuentemente nos pusimos a la mesa. Solo hubo de damas la gobernadora, que no había más que livonés.

A las tres concluimos y después de tomar café nos pusimos en el coche del gobernador, su ayudante, el teniente coronel Yekeln, Sprengtporten y yo, partimos para Imatra, 60 verstas de aquí. Mudamos caballos dos veces que estaban ya prevenidos y observé que estas gentes son mucho más inocentes y amigos de servir que los rusos, contra quienes tienen una antipatía singular. A algunos niños que vinieron hacia donde estábamos mudando caballos, ofrecí algún dinero y no lo quisieron tomar, pues no sabían su valor. Les daba un *navó* y lo tomaban con agradecimiento. ¡Dichosos vosotros, pueblo inocente! Los hombres y mujeres marchan a caballo comúnmente y corriendo como gamos.

A las nueve llegamos al río Wogsa, que forma la catarata, cuyo ruido sentimos a 5 verstas de distancia. Pasamos en una barca cerca de un rápido que no dejó de causarme algún temor, mas aquellas gentes conocen eso. En otra pasó nuestro coche y caballos y nosotros seguimos a pie como una versta, a Zitola, pequeña casa de campo de una viuda conocida de los compañeros. No estaba en casa, mas los criados nos dieron luz, etc. y nosotros cenamos con unas provisiones que traíamos y después nos fuimos a dos camas que había y otros sobre la paja, donde dormimos grandemente hasta las cuatro.

23 de agosto
A esta hora nos pusimos en pie y en una *kibitka* llena de paja con dos caballos, marchamos los cuatro a la catarata que está a 3 verstas de aquí. Llegamos y en una galería de madera que hay allí aún, de cuando vino la emperatriz a verla, corrimos arriba y abajo, mas para juzgar mejor del conflicto, es necesario bajar sobre las peñas abajo y allí se ve el estruendo con admiración.

El plano adjunto, que me regaló el señor Schilling, es justo y así se ve que la inclinación del plano de los rápidos, pues no es otra cosa, son 32 pies, creo. Tomamos algunas piedras reducidas a diversas formas por el rodamiento de las aguas y después vimos el antiguo lecho del río, que se fraguó el nuevo que ocupa ahora, sin que una gota de agua vaya por el otro. Mas se ven las piedras perforadas por el agua, etc., signos de que también corría con precipitación por allí.

Después de haber bien examinado y gozado de la rareza de este sitio nos volvimos a casa a tomar café. Allí encontramos una moza del país que vendía un hermoso pez y preguntándole su valor, nos respondió con sencillez que no sabia. ¡Oh, qué pureza! Se le dio un rubio y se puso de rodillas para dar las gracias. Tienen estas gentes el pelo blanco como lino y sin un rizo absolutamente. Las mujeres, grandes y duras tetas.

Después fuimos versta y media más arriba, en el mismo coche, a ver el lago Saime y formación o nacimiento del río Wogsa, que forma la catarata ésta llamada de Imatra. Es noble y majestuosa la corriente de aguas al formarse; hay allí una peña un poco destacada donde me monté y se ve perfectamente. No sé a la verdad por qué en este amenísimo sitio no hay una casa de campo; poco más abajo hay un molino.

Nos volvimos y ya hallamos nuestro coche del otro lado, que tomamos a las siete y media y nos pusimos en ruta de vuelta. Entramos en algunas casas de los lugares por donde pasábamos, que por lo general estaban abiertas sin que nadie robe nada. Vimos cómo secan el trigo con el calor del fuego para suplir el que el Sol les rehúsa. Muchísimos niños por todas partes y las mujeres y niños venían a ofrecernos fresas y frutas silvestres por todas partes, contentándose con lo que se les daba que recibían con agradecimiento.

Llegamos a eso de la una a la ciudad. Nos detuvimos en un suburbio para ver el Hospital Militar que contiene 208 enfermos, la mayor parte de los cuales van a tomar el baño ruso por su pie y el aire y aseo no es bueno. De estos hay cincuenta y ocho con enfermedad venérea. El total de la tropa son 6.000 hombres y así se ve que el país es sumamente saludable, no produciendo más hospitalizaciones.

De aquí pasamos a la prisión que está en la ciudad y allí encontramos 120 prisioneros en unas cuadras no malas, aunque sin disposición alguna de camas y algo puerco. Algunos que tenían las narices cortadas nos dijeron ingenuamente que por ladrones de gran camino y noté que apenas hay dos prisioneros finlandeses y el gobernador me informó que no se conoce el hurto entre ellos absolutamente y que la bestialidad o fornicación de vacas, etc., es el crimen dominante, del cual los delatores son las mujeres. ¿No será celos el motivo?

Pasamos a casa del comandante que nos envió su coche y nos aguardaba con una compañía de damas, entre quienes había la señora de Semange, joven livonesa bonita y de espíritu, mas ninguna hablaba francés y así pagué yo mi falta privándome de su conversación. En cambio el general Delwig me favoreció con la suya, que es instructiva y agradable.

A las cuatro, fui a casa del gobernador, que me aguardaba con su bote para ir a ver el puerto que está 12 verstas más abajo y se llama Transund. Pasamos un puente pequeño que defiende el acceso por agua a Viborg y está edificado sobre una pequeña rola o roca, donde observamos un inválido que vive allí tan contento, con su pequeñito jardín, su vaca y su familia, acaso más feliz que los que ocupan palacios. A nuestro arribo, diez embarcaciones inglesas y holandesas que había allí cargando tablazón, saludaron nuestro bote a voz y la embarcación de guardia con el cañón.

Seguimos inmediatamente a nuestro primer objeto, que era el ver un obelisco disforme que se acababa de cortar allí para ponerse en el remate del canal de la Fontanka en Petersburgo. Efectivamente fuimos allá con el ingeniero encargado que nos lo mostró e informó que su largo era 49 pies y la base 35. No sé, a la verdad, por qué no se ha cortado mayor, pues la masa de granito blanco es enorme y el método como lo hacen sumamente fácil e ingenioso. Cortaron un bloque de 12 pies delante de mí para que lo viese y es de la manera siguiente: trazan en la gran masa las dimensiones de la pieza que necesitan y profundizan estas líneas por todas partes de una o dos pulgadas. Luego, por la linea superior, que guarnecen de dos reglas de hierro para que los bordes resistan, atracan con cuñas de hierro y a golpe de mazo, que a iguales distancias se dan a un mismo tiempo, se abre la piedra por las mismas líneas como siendo linea de menor resistencia y es increíble la facilidad con que se ejecuta esta operación, cuya ejecución solo pide pocos minutos. El gran bloque del obelisco se destacó por la fuerza de veinticuatro hombres con otros tantos mazos a la vez, mas yo les pregunté si no sucedía alguna vez que se abriese por otra parte la piedra y me respondieron que sí, mas que era muy rara vez. Y cata aquí el gran problema resuelto de cómo los egipcios destacaban sus grandes masas de piedra. De esta cantera se sacan las piedras para formar el parapeto y muelles de Cronstadt y el granito es de una calidad excelente y fácil de transportar, pues está a la orilla del mar. Me informaron que unos contratistas habían pedido por destacar el obelisco solamente, 80.000 rublos, mas que el *mujik* ruso había dicho que ellos lo destacarían fácilmente por el método dicho, que no ha costado más que 15 rublos 30 kopeks, lo que confirma la opinión de Betzky sobre el ingenio del campesino ruso. Solo costará dicho obelisco concluido y puesto en su lugar por estas gentes, 43.000 rublos. Véase la diferencia y por qué se hacen prodigios en este país, cuyo origen es el *mujik*.

Entramos en una pequeña posada muy aseada que hay allí y nos sirvieron té, ponche, etc., muy bien. Tomamos nuestro bote y nos pusimos en retirada para la ciudad, donde no llegamos hasta las nueve PM Me contó el gobernador en ese rato, cuán honesto era el pueblo finlandés y que si no fuese por la historia de sodomía y alguna disputa entre propietarios, la justicia no tendría aquí nada que hacer..., lo que igualmente confirmó el señor Procurador Schilling, que sabe tanto de leyes como las vacas criminales. Y asimismo me informó que hay dos establecimientos en este gobierno —y lo mismo en los demás del Imperio— fundados por la emperatriz: uno de una casa de Inoculación donde se practica gratis esta operación y al pobre se le mantiene el niño hasta que esté bueno. El otro, una escuela gratis para hijos de soldados que contiene 400 niños en la ciudad ésta y 200 más en el resto del gobierno. Y dichas escuelas son para 20.000 niños de esta especie en todo el Imperio. ¡Oh, gran Catalina!

La población de esta plaza es de 3.000 habitantes y el gobierno todo contiene como unos 200.000 individuos. La guarnición de la Plaza, 6.000 de tropa reglada y la de la provincia inclusa era de 14.600 hombres. Hablamos de varias peñas de granito que había observado en el camino descompuestas enteramente y otras a medio descomponer y me dijo que los paisanos, aquí y en Rusia, para formar el camino las descomponían fácilmente calcinándolas un poco con fuego y echándoles en caliente agua encima. Me convidó a cenar, mas yo preferí partir inmediatamente y así me acompañó a la posada, donde tomamos té. Escribí este memorándum y pagué al posadero que solo nos cargó 5 rublos por los tres días, almuerzo, criado, etc.

A las doce de la noche nos pusimos en marcha, despidiéndonos de aquellos civiles y hospitalarios oficiales que nos acompañaron con tan buena voluntad. Y el gobernador no dejó de encargarme que hiciese presente al conde de Bezborodko cómo había procurado hacer lo mejor conmigo, etc.

24 de agosto
Mi compañero y yo dormimos grandemente toda la noche y a eso de las diez y media llegamos a Lindola, donde era necesario torcer el camino para ir a la fábrica de Sisterbeck. Aquí encontramos al tío de mi compañero, hermano de la mujer de Sprengtporten, el señor Glasenstierna, que iba a verlo a Petersburgo. Liamos conversación y de nuestras provisiones reunidas comimos grandemente y acordamos seguir juntos, pues él también deseaba ver dicha manufactura. Tomamos café que el que cuida de la posta, para quien traje carta del gobernador, nos sirvió en un cuarto donde también comimos.

En fin, con caballos que aquí se nos dieron, no muy buenos, seguimos por malditísimo camino y bosques salvajes en que, según se nos informó, hay muchos lobos y aun osos y con paciencia y trabajo llegamos a eso de las cuatro PM al lugar y manufactura de Sisterbeck, 23 verstas adelante, fundada por Pedro I, para hacer armas para el ejército.

Llegamos a casa del Director, señor Euler, hijo del famoso matemático, que hace nueve años tiene esta comisión y me había convidado en varias ocasiones para que viniese a verla. Hablamos de caballos y no los había, que fue lo peor, mas el buen paisano finlandés nos ofreció continuar con los mismos si gustábamos. Y así le dijimos buscase qué darles de comer, ínterin nosotros visitábamos la manufactura.

Tomamos café con el señor Euler y en su compañía seguimos nuestra inspección. Visitamos varias cuadras muy bien y magníficamente dispuestas para trabajar, mas qué poca obra se veía. Me dijo éste que podrían emplearse hasta 1.000 hombres, mas que solo había actualmente 400 y lo dudo. Lo que vimos que se trabaja actualmente son puentes, puertas y canapés de hierro, de muy buen gusto, para Zarkoie-Selo, etc. Hay también una fundición para cañones, mas no se trabaja aún y no hay duda que la posición es admirable para el transporte y con una abundancia de aguas que se puede hacer lo que se quiera. Las máquinas para trabajar son verdaderamente muy bien ejecutadas y de una sencillez admirable, mas no veo que se trabaje aquí nada para vender, excepto algunas limas que se cortan con facilidad por una buena máquina, que éste me asegura ha costado solamente 100 rublos, cuando otras tres, que hay allí hechas por un tal Fisher, inglés, costaron a la emperatriz 25.000 y no valen nada ni se trabaja en ellas. Toda esta maquinaria se mueve por agua abundantísima y dominante, que se recoge en un grandísimo depósito formado por el río Sisterbeck y el arroyo Chornariska.

Todos los alrededores, según me informó aquel señor, contienen una mina hermosísima para hacer el mejor acero y se comienza a trabajar actualmente, mas no veo los provechos que se saquen de esta estupenda fábrica de manufactura. Dice el Director que paga completamente los gastos, sin embargo.

Tomamos té. Después, escribí este memorándum y partimos a eso de las siete para Petersburgo, que distará 25 verstas, creo, con nuestros malos caballos. El señor Glasenstierna me dio uno de los dos que llevaba su silla sueca, que son ligerísimos y así seguimos con mucha paciencia hasta la una que llegamos a Petersburgo y yo, con dificultad, pude encontrar luz para entrar en mi cuarto.

25 de agosto
Fatigado en casa. Tuve visita de D'Horta, que no se atiene a políticas bajas y me recibió muy amigablemente en su casa el 19 pasado, diciéndome que los españoles habían despachado un correo extraordinario y que Gayangos había recibido la orden de retirarse sin ser presentado a la emperatriz, burlándose un poco de ellos. Yo le respondí con circunspección y allí lo dejamos. He estado copiando la carta para el príncipe Potemkin y estuve por la tarde en casa de la señora Ribas, que me dijo había dirigido con seguridad mi carta a su marido, que aún estaba con el príncipe en Krementchug. A cenar con la familia Guthrie.

26 de agosto
A ver montar la guardia por segunda vez en el Palacio de Invierno, cuya parada llegará a 300 hombres de Guardias de Infantería y ochenta de Guardias a caballo. No se pone ninguna atención en ella y a eso de las diez de la mañana entra esta tropa en el gran patio de Palacio, cambia la guardia sin concurso ni aparato alguno y ni aun se ven militares espectadores.

Mamonov no recibe por la mañana tampoco, con que me fui a casa después a escribir al mariscal Rumantzov, a Kiselov, etc. y por la noche estuve en casa de mi buen amigo Narischkin y ofrecí algunos libros a mi favorita, la señorita Marie, que está muy fina siempre.

27 de agosto
Trájome el sastre uniforme, capote, capa, calzones, etc., que me cuesta más de 200 rublos y luego el fajín, 56. Fui a comer a casa de Betzky, donde por acuerdo se encontraban el señor y señora Guthrie, para ir después a casa de Melissino, que nos había convidado para gran función, con motivo de ir allí los pequeños grandes duques, a distribuir dos medallas de premio.

Después de nuestra comida, que fue en bastante compañía, nos fuimos allá donde había bastante vulgar concurso y algunos militares. Apraxin, que encontré aquí, me dijo que fuese a cenar con Mamonov que me quería siempre bien, mas yo no estaba muy contento de su última conducta. Le dije que sí, sin embargo.

Vamos a esta fiesta, que después de estar el cuerpo formado en batalla, llegaron los Señoritos con Soltikov y D'Anhalt. Comenzaron las maniobras con artillería, etc. y después se formó un círculo en que entramos los militares que por allí había y estos Señoritos dieron las medallas a dos recomendados por el director, quienes en una tediosa y adulante arenga francesa, dijeron a estos muchachos que eran nacidos para mandar al género humano, grandes príncipes, etc. y luego creemos extraño si casi todos los soberanos son orgullosos y desprecian a los hombres. ¡Oh, qué adulaciones y bajezas no hacían aquellos hombres para halagar a estos muchachos! De modo que me enfadé tanto que tomé a la señora Guthrie por la mano y me fui a su casa, donde tomamos té, hablamos literatura y tomó tales ganas de aprender inglés, que compró diccionarios, etc., inmediatamente.

28 de agosto

Me dijo la señora Ribas que partía esta noche un cierto coronel —que llegó pocos días ha— con pliegos para el príncipe Potemkin, a Krementchug y así me fui a Mamonov, a quien dejé billete con mi carta para el príncipe Potemkin.[12]

Después a comer a casa del doctor Guthrie con Pallas, que estuvo aguardándonos hasta las cuatro en su casa el otro día, por defecto del

---

12   **[Carta de Miranda al príncipe Potemkim]**
Petersburgo, 22 de agosto de 1787
Monseñor:
Desde que tuve el honor de escribir a Vuestra Alteza de Kiev, he proseguido mi viaje por Tula, Moscú, etc., recibiendo mil atenciones de los gobernadores respectivos, gracias a las apreciables cartas de Vuestra Alteza mi llegada a Petersburgo, percibí los síntomas de la conspiración que yo había previsto de antemano y que estalló algunos días después, conducida por el Encargado de Negocios de Francia y representada por su pupilo el de España. Una carta por su parte fue el inicio y mi respuesta el final de la polémica... Me tomo la libertad de anexar aquí una copia, por si usted quiere leerla, habiéndome enterado que la bajeza llegó hasta el punto de interpretarlas mal y que el ministro de Francia, en Quijote o Protector Universal, se ha metido en el asunto formando una Liga ofensiva con todas las ramas componentes de la Casa de Borbón, Austria, etc. Sin embargo, Normandez, a su llegada aquí, ha desaprobado ministerialmente todo lo que sus tutores hicieron hacer anteriormente a su Encargado de Negocios. Si usted lo desea, el conde de Bezborodko podrá informar a usted de esto, siendo la única persona que está al tanto de todo y que puede, mejor que yo, instruirle de lo demás sin correr el riesgo de importunar a usted.

criado del doctor que no le previno nada y así el día que fuimos nosotros no encontramos a nadie y fuimos en busca de algo que comer por todo aquel camino de Peterhof y solo una tortilla encontramos en un cuarto más frío que el demonio, mas reímos grandemente con la señora Guthrie que es la mejor mujer del mundo.

De retirada pasamos por Katerinenhof, que yo no había visto y es un paseo con arboleda situado a la embocadura del Neva, con un mal palacio

> Espero que mi conducta y mi circunspección en el caso presente merecerán su aprobación o al menos indulgencia por los errores, habiéndome encontrado destituido absolutamente de toda asistencia y en medio de extranjeros indiferentes, a quienes no era prudente consultar... Me precio también de que mis acciones serán siempre calculadas de manera a que usted no tenga que arrepentirse de las muestras de honor y estima que vuestra bondad tuvo a bien concederme.
> Su Majestad la emperatriz, siempre grande y magnánima, tuvo la benevolencia de concederme su soberana protección y colmarme con sus favores durante todo este conflicto, lo que ha penetrado tanto mi alma de reconocimiento y admiración hacia su Augusta Persona, que no podría expresarlo a usted. Incluyo igualmente una copia de la carta que escribí a Su Majestad sobre el mismo asunto, puesto que usted me dijo en Kiev que así lo hiciera y no hay nada que desee más que obtener en todo su digna aprobación. Entre los favores con que Su Majestad ha tenido a bien honrarme, está el de llevar el uniforme de coronel de Rusia con su total consentimiento, cuando yo quiera utilizarlo, lo que consideraré siempre, así como la Carta Circular de S. M. I. a sus ministros en las Cortes Extranjeras, como la prueba de distinción más honorable y halagadora que pueda jamás poseer en el mundo. En consecuencia, he hecho hacer aquí un uniforme de vuestro Regimiento de Coraceros de Katerinoslav, para llevarlo conmigo como un valioso recuerdo, si esto merece su entera aprobación.
> Cuando considero, mi príncipe, cuánto le debo por todos estos favores, así como por todas las bondades que usted ha tenido para con mi persona, le confieso que estoy realmente confuso, no sabiendo de qué manera testimoniarle los sentimientos de respeto, de reconocimiento y admiración que están grabados en mi corazón hacia su ilustre persona. Pero yo me prometo al menos, que usted me hará la justicia de creer que no hay nadie en el mundo que lo estime y le sea más sinceramente afecto que yo.
> Pienso partir de un momento a otro para Estocolmo, Copenhague e Inglaterra, siguiendo el plan que me he propuesto en mis viajes, como tengo el honor de comunicarle y no dejaré de darle mis noticias ya que su bondad ha tenido a bien permitírmelo, deseando siempre conservar su estima y su amistad como la cosa que más ambiciono en el mundo. Tengo el honor de ser con el más profundo respeto y completo agradecimiento, de Vuestra Alteza, el muy humilde y muy obediente servidor.
> F. de Miranda
> P. S. Tuve el placer de ver aquí a la señora condesa de Skavronska, así como a su encantadora niña que ya habla el inglés perfectamente y me encarga decir mil cosas a su querido tío.
> Su Alteza príncipe de Potemkin

de madera desusado enteramente y después pasamos a casa de un librero a comprar varios libros. Esto fue el 24 por la tarde. En fin, hoy comimos con Pallas, hablamos de cosas científicas y quedamos convidados para ir a comer a su casa de campo el miércoles próximo si no me había ido. Yo me fui a casa a chapar una moza que me trajo mi criado y no valía un demonio, con quien dormí.

29 de agosto
A comer con el príncipe Kurakin y Wielhorski en la casa de campo de aquél, con cuya familia comí en la mejor sociedad. Estuve a despedirme de Ostermann. A tomar té con la señora Guthrie y a cenar con Mamonov. Allí encontré a Ribeaupierre y Apraxin que se vinieron a mí con mucha amistad; luego entró Mamonov que me dijo había ya enviado mi carta al príncipe Potemkin. Y luego, separándome a un lado, me repitió que le escribiera siempre, que era mi amigo, etc. Un poco después comenzamos a hablar solos, burlándose de los diplomáticos, cuando en esto entran Cobenzl y Ségur, que quedaron un poco sorprendidos.

Fuimos a cenar. Cobenzl se puso a mi lado y Ségur enfrente. Hablamos de arquitectura, literatura, hombres de letras, etc. y cuando yo hablaba, Ségur bajaba la cabeza, Cobenzl entraba en contestación. Conocí que Mamonov estaba contento con la escena y concluida la mesa, fueron Cobenzl y Mamonov a jugar los trucos... Ribeaupierre me dijo amistosamente que dónde vivía para irme a visitar y que mirase bien dónde iba, porque tenía enemigos; que por qué no me quedaba aquí donde la emperatriz me estimaba tanto, etc. Estuve en sociedad en el billar hasta las doce y media que fui a casa.

30 de agosto
Temprano a la Academia de Ciencias donde, con el bibliotecario Backmeister, di aún una visita a la Biblioteca y Gabinete de Historia Natural, examinando aún la Preparata famosa de Ruysch, en que se ve el embrión como una cabeza de alfiler y hasta que nace todo en la naturaleza.

Después a rever aún la figura de Pedro el Grande, sus uniformes y simple ajuar, como todos debíamos usarlo. El Código o Instrucción de Catalina para formarlo, escrito de su propia mano y que solo bastaría para inmortalizarla. El monetario riquísimo de medallas antiguas y modernas, 20.000 en número, creo y entre ellas la que acunaron en París para Pedro I a tiempo que éste visitaba la fábrica de la moneda. Una espada corta ricamente guarnecida, que se cree y realmente parece, antigua. ¡Pieza rara! Y la colección de insectos del doctor Hill en Inglaterra, pintados con sublime perfección en varios volúmenes que compró la emperatriz, creo que por 10.000 rublos solamente, etc., etc. La llave para el globo de Gottorp no se pudo conseguir.

De aquí fui a la Academia de las Artes, cuyo secretario, el señor... me había convidado para ir a ver una estatua de la emperatriz. Lo encontré en su magnífico alojamiento con mucho gusto por cierto y me informó que acababa de declararse la guerra con la Puerta y que Bulgakoff estaba en las Siete Torres, cuya noticia me sorprendió infinito, pues nada se comprendió anoche en casa de Mamonov. Dimos una vista al hermoso rotondo patio de esta Academia y me dijo cómo mi idea de hacer el Apolo colosal para ponerlo en medio había sido adoptada y que se iba a poner inmediatamente en ejecución.

Fuimos a casa del estatuario señor Chubine, Consejero de Corte, ruso de nación y que ha viajado... Su estatua de la emperatriz, de tamaño natural, en mármol, teniendo el cetro en la mano inclinado hacia tierra y con la diestra mostrando las leyes que son las que deben gobernar, es muy buena... Debe colocarse en el templo que está en la gran casa del príncipe Potemkin, donde seguramente hará un bellísimo efecto.

De aquí a casa de Sprengtporten, que está enfermo en la cama y con la noticia de la guerra se ha avivado. Comí allí y después fui a ver la casa de fundición de la Artillería que está junto al Arsenal y es magnífica y muy bien dispuesta. Hay algunos preparados actualmente, que entierran para vaciar otras tantas piezas. Fui aun a dar otra visita a la magnífica Terma del príncipe Potemkin, que es grandiosa cosa por cierto, mas hallé que el peristilo lo deshacían para añadir a las cuatro que tiene, dos columnas más y me temo que con tanto deshacer echen a perder el edificio.

Luego al gran baño ruso, en que vi mujeres y hombres todos mezclados, en la suposición de que son casados. Nos paseamos entre ellos y las mujeres en cueros sin vergüenza alguna. Es tal la costumbre aquí, que en el campo y junto a los ríos, se encuentran lo mismo, sin que hagan la menor admiración. El sábado, en que también vi este baño, es el día de mayor concurso.

Notamos varias tropas por la calle, ya de marcha a reunir el ejército, espectáculo sumamente militar y debe inferirse a la poca admiración que manifestaba la gente, que es una nación a quien la guerra es familiar. El señor Moubry me comunicó los adjuntos estados de la importación y exportación del comercio de Rusia, etc.

Vine a casa para chapar una moza que un criado recomendado me ofreció y era virgen. No hablaba sino alemán, quería que le pagase cuarto y la pobrecilla tenía miedo, con que se fue y yo no quise violentar su voluntad.

31 de agosto
Fuimos a comer con Pallas al campo. Estaba allí Cameron, el arquitecto de la emperatriz y Buchs, el jardinero. Hablamos del caso con uno y otro, que me informaron que no se podía concluir una buena pieza de arquitectura porque los señores se mezclaban y lo mismo en el jardín, mas que el césped podía tenerse tan bueno como en Inglaterra, si lo supiesen manejar y que la Ruina era la mejor pieza de su especie en el jardín.

Después a comprar *El Diablo Cojuelo*, para leer en el viaje y *Gil Blas*. A tomar té con la señora Guthrie y cenar en casa de Narischkin.

1º de septiembre
Fui a casa de Bezborodko por la tarde. Me dijeron que estaba en el campo y le seguí allá, donde juntos llegamos. Él venía de Palacio. Me pidió excusas por no haberme despachado y me pidió diésemos una vuelta en el jardín y que lo haría inmediatamente.

Subimos después a su gabinete en donde entró y me dijo que la guerra había venido antes que lo que esperaban o deseaban, mas que era menester tomarlo como viniese. Que los turcos habían dado proposiciones inadmisibles a Bulgakoff, quien las tomó *ad referendum*, etc. y que sobre esto lo habían llevado a las Siete Torres, aunque con más civilidad que antes y con aparato de política; que el Internuncio había protestado amenazando retirarse y que el Embajador de Francia les había escrito que su emperador no podría menos que pedir a Dios por el éxito de las armas mahometanas, etc., con bajeza como cristiano. Que se habían dispuesto dos ejércitos independientes enteramente: uno bajo el mariscal de Rumantzov y otro bajo el príncipe Potemkin. Que no creía comenzasen las operaciones hasta la primavera, pues justamente ésta era la estación en que reinaban enfermedades por aquella parte, etc.

En cuanto a mi carta, me dijo que la emperatriz le había permitido me la escribiese de dos modos y datándola de Kiev para que todo fuese consecuente y así resolvimos que me la escribiese como está. Me dijo que Normandez había despachado un correo extraordinario y que él había evitado hablarle a propósito, hasta que yo partiese y que le había instado por respuesta sobre su petición, a que él le respondió que no había más respuesta que lo dicho y que no se podían injerir en que yo diese o no satisfacción a Macanaz. «Con que he hecho bien en despachar mi correo», dijo entonces y así se quedó. Me repitió que le escribiese de todas partes, pues Su Majestad deseaba saber de mí y que esperaba nos volviésemos a ver, etc.

Me fui a despedir del señor Betzky, que con ternezas y amistad me dijo adiós y así también la señora Ribas y el buen Münich. Luego a cenar a casa de mi buen amigo Guthrie, donde había un comerciante inglés, hombre sensato, que me habló de mi amigo Stephen Sayre, cuando estuvo aquí. Y su hermana, una señorita que es mujer instruida, con quienes pasamos agradablemente el rato. Yo llevé a Belland a su casa y por el camino hablamos de legislación, lo que me puso en gana de ir a ver los Tribunales antes de dejar a Petersburgo.

2 de septiembre
Vino por la mañana el doctor Guthrie y a las once fuimos a los tribunales en que el gobernador, señor de Kakovnitzin, teniente general, me recibió con sumo agasajo y me acompañó por todas las demás salas explicándome todo y luego me dio un oficial de la policía para que me hiciese ver los hospitales

y prisiones y me dijo que mañana temprano me aguardaría en la Duma o Tribunal de Mercantes, para explicarme todo.

Por la tarde ésta, el doctor comió en casa conmigo. Fuimos primero a la prisión de la policía, donde hay 125 hombres y dieciséis mujeres, prisioneros la mayor parte por deudas y en cuadras bien cuidadas, mas sin acomodo de camas ni nada. Abajo, en otra cuadra infeliz, están los que han recibido el knut y van a presidio. En el conjunto no están tan mal estos.

Luego el Hospital de Catalina, que volví a visitar con sumo gusto, pues es uno de los mejores de Europa... asistido por mujeres. Aquí está la Casa de Corrección, donde hay cuarenta y un hombres y cincuenta y cinco mujeres ocupados en cortar leña y raspar palo de tintura como en Holanda. Los hombres ganan 20 kopeks al día y las mujeres 10, con lo cual se les mantiene y el resto se da a la casa; cuidan del aseo y lavan la ropa del hospital. La asociación de estas dos ideas es excelente.

A la Casa de Caridad, donde se mantienen 816 personas de ambos sexos, que humanamente no pueden trabajar y pueden recibir hasta mil. Visitamos las cuadras y aunque el aire es denso, aquellos viejos están contentos, reina aseo y un aire de satisfacción en los pobres, que indica están gustosos. Aquí está asociada igualmente la Casa de Trabajo, en que 139 hombres y treinta y nueve mujeres prisioneros trabajan en cortar leña, raspar palo, pilar yeso, etc., de cuyo producto se les mantiene y con el resto pagan cualquier hurto que no llegue a 20 rublos, a razón de 5 kopeks por día, hasta el completo pagamiento de dicho latrocinio. Un francés, ayuda de cámara de Sutherland, estaba allí por lo mismo. Las cuadras que estos tienen para dormir no son muy buenas, mas se piensa remover todo esto al sitio donde está ahora el Almirantazgo, que debe pasar todo a Cronstadt.

Visitamos igualmente algunas escuelas de las que sirven para el público en general, sobre el mismo plan de la de Moscú. Hay diez de éstas en Petersburgo que admiten 4.000 niños gratis y se les enseña a leer, escribir, aritmética, geometría, alemán, francés, etc. y la Institución en toda la provincia llega en total a 10.000, estos incluso. ¡Oh, sabiduría y bondad de Catalina! Qué gusto da ver esta hermosa juventud ocupando el más ventajoso tiempo de la vida tan útilmente.

Al anochecer fuimos a casa del señor de Soimonov, Director del Gimnasio de Minas, para que diera sus órdenes para verlo mañana. Nos recibió civilmente en su casa, nos dio té y nos enseñó una muy buena colección de minerales y piedras de Siberia. Aquí vimos distintos y muy bellos pórfidos, negro y de todos los colores, granitos, etc. y un guijarro de más de un palmo de largo y ancho en proporción, de lapislázuli, del mismo paraje, haciéndonos ver al mismo tiempo el crecidísimo aumento que tenían las minas de oro y plata en aquella provincia hoy día. Y quedamos en ir al Gimnasio mañana a las doce. A cenar con la señora Guthrie.

3 de septiembre
Fuimos a las nueve y media a la Duma donde el gobernador me había aguardado más de una hora. El juez que vi, un oficial que allí había, me hizo ver todo con suma urbanidad. Vimos el Instituto, su reglamento firmado por la emperatriz, muy bellamente, la colección de libros para conducirse en sus juicios, etc. y me dio el papel adjunto, que contiene los nombres de los 99 miembros que lo componen.

Luego fuimos a los tribunales del gobierno para ver los que no estaban ayer. Me acompañó el mismo gobernador y hallamos que el conde de Schuvalov, que preside en el de Conciencia, no estaba allí. Corrí todos los demás que son semejantes y hallé por ellos que entre Pedro I y Catalina II apenas hay un ukase, prueba del abandono en que durante dicho período estuvo el Imperio.

Estuvimos también en el de la Policía que está en el mismo paraje y vimos allí infinitas gentes que tenían dependencia. El Intendente nos informó que se despachaban allí anualmente como 20.000 causas y 10.000 prisioneros y que este tribunal fue instituido el año de 1782.

Supe que mañana daban el knut, que no lo he visto aún. Subí arriba a casa del gobernador que me dio las listas adjuntas que contienen los veinticuatro tribunales, creo, del gobierno de Petersburgo y me indicó dónde encontrar las Instituciones del Gobierno, de la Duma y de la Policía, en alemán, que efectivamente encontré. Me hizo mil expresiones de afecto y de respeto que agradecí infinito.

De aquí marché al Gimnasio de Minas y cuando llegué estaban los cadetes a la mesa. Vino el Inspector, señor Felkner —sajón y consejero de Colegio— quien me informó que el señor P. A. Soimonov, Director, me había estado aguardando hasta poco antes y que todo estaba a punto. Vimos los dormitorios que están bien dispuestos y con aseo y decencia. Vino luego el maestro principal de Minas, señor Renovantz, de Dresde también, teniente coronel, que nos condujo a la biblioteca y colección de máquinas físicas y químicas, muy bueno todo y bien ordenado. Hizo asimismo su lección demostrativa a los estudiantes para que yo viese y pasamos al gabinete de historia natural que está muy bien ordenado y contiene piezas naturales sumamente instructivas. Observé aquí dientes y mandíbulas de elefantes perfectamente conservados, que se han encontrado en Siberia y si los que han querido dudarlo hubiesen vístolos, no se habrían empeñado en ello.

De aquí pasamos a otra gran sala que contiene varios modelos en madera de minas, casas de fundición, etc. Se nota primero un hermoso modelo de Cronstadt, puerto, canales, etc.; aquí se ve perfectamente aquella inmensa obra. Ídem de la casa de Olonitza —en el gobierno de Nóvgorod— para fundir cañones, que es obra magnífica, dirigida por el señor Gaskin, inglés. Ídem de la casa de Moneda de Katerinenburgo, en que se hace moneda de cobre. Modelo sumamente curioso de la famosa montaña de Serpientes, en la provincia de Kolivan, en Siberia, que ha producido a la Corona, del año 1747 hasta el de 1787, 22.000 *pouds* de plata pura y 680 *pouds* de oro puro, gastos pagados. En dicho modelo se ven curiosamente las galerías que se han trabajado en distintos tiempos y las que siguen, método de practicarlas, etc.

Luego vimos otro modelo de una mina trabajada en pilotaje y otro modelo que manifiesta distintos estratos como están comúnmente formados por la naturaleza... todas, piezas que contribuyen mucho a dar cabales ideas de las cosas a los que desean instruirse en ello.

Después pasamos a ver la mina ideal que se ha practicado bajo tierra positivamente, con todo costo para hacer ver la progresión y método de un trabajo semejante y las ventajas e inconvenientes que resultan de seguir buenos o malos principios en dirección. Se ve por todo que, cuando se trata de educación pública, la gran Catalina no ahorra nada.

Luego pasamos a la casa de dicho Inspector Felkner para formar un memorándum, quien me informó que las minas de oro y plata de Siberia en general no producían más que dos *zolotniks* por *poud*, esto es, 45 kopeks y que esta Institución contiene en el día 128 estudiantes, a saber: cincienta y siete cadetes, doce estudiantes, cuarenta y un pensionistas, catorce de diferentes rangos, cuatro gimnasistas.

Un pensionista paga 102 rublos al año y 75 kopeks y por ello goza de alojamiento, mesa e instrucción, que consiste en las clases siguientes: tres para lengua rusa; una para lógica; tres para lengua alemana; tres para lengua latina; tres para lengua francesa; dos para aritmética; una para geometría; una para sublime matemática; dos para geografía; dos para historia; dos para física; dos para dibujo; dos para baile; dos para música; una para mineralogía, geometría subterránea y arquitectura subterránea; una para química metalúrgica... y dieciséis profesores en todo... y acaso demasiados ramos.

Escribí una nota de excusas al señor de Soimonov y el maestro de Minas, señor Renovantz nos hizo ver un tratado que acaba de imprimir en alemán sobre las minas de Siberia. El Instituto este está muy bien reglado y cuando la fábrica se concluya estará con más comodidad.

De aquí fuimos a tomar un bocado a casa de la señora Guthrie y a las cuatro fuimos al Colegio de Guerra, que es el único que queda en el gran edificio que para todos los Colegios construyó Pedro I, de bóveda todo. Un coronel encargado nos estaba aguardando y con mucha política nos enseñó la sala en que se sientan los miembros, que es suntuosa y luego pasamos a los cuartos inmediatos que sirven de secretaría y donde hay una imprenta. Pasamos arriba también, donde está el Archivo y el resto del edificio contiene hoy los demás archivos de la ciudad que, efectivamente, no pueden estar en paraje más seguro de fuego, etc.

De aquí fuimos a ver un hermosísimo tigre —o leopardo, como llama el señor de Buffon— que algunos italianos han traído de Marsella en una jaula y lo hacen ver en el picadero de cadetes por un rublo. Bellísimo animal por cierto, el más hermoso de su especie que he visto.

Fuimos luego a comprar un fajín para mi uniforme, que sin borlas me costó 56 rublos en la fábrica de galones, etc., para el ejército, cuya manufactura que se llama de Mogonckov, emplea 200 obreros diarios y me entretuve viendo hacer galones, que ciertamente es una máquina como un órgano, que se maneja con los pies... o fuerza de la costumbre. Fui por la última vez a cenar con la señora Guthrie, que me dio muchas cartas para Suecia, etc.

4 de septiembre

A las nueve tomé mi coche y fui cerca del Monasterio de Nevsky a ver dar el knut que no había visto. Estaba un botalón (aquí una figura) fijado por tierra y los verdugos, hombres de mucha fuerza y no desestimados por los otros, según vi, se ocupaban de componer el zurriago. En esto vino el preso a pie con un piquete de cosacos a caballo —esta gente es la más fiel y vigilante para la custodia de prisioneros— y otro de infantería. Le quitaron la camisa y los calzones al hombre que temblaba. Lo ataron de pies y brazos al botalón, uno le tenía por el pelo contra y el otro le sacudía latigazos pausadamente, que cogían desde el hombro hasta las nalgas y cada uno le levantaba el pellejo, haciendo correr la sangre; el pobre se quejaba amargamente y al tercero ya no podía estar. Finalmente al onceavo cesó el castigo y el pobre se puso su camisa y marchó con el oficial de policía que presidió el acto y el piquete mismo. Me dijeron que era un mercante dicho criminal y que el delito era robo. Examiné el látigo, que es una penca de cuero cosido como un rolo, de dos palmos de largo y una pulgada de ancho, lo cual se ata a un zurriago.

Me volví a casa y despaché mi equipaje a bordo del yate de Sprengtporten en que pienso, si hace buen tiempo, embarcarme para Cronstadt. He escrito a mis amigos y al gobernador y por la noche lo he pasado con mis amigos señor y señora Guthrie, en virtuosa conversación hasta medianoche. Sprengtporten me ha hecho un memorándum de la Suecia para mi uso.

He recibido hoy una carta de mi amigo Viazemskoy en que me previene de peligro por parte de España.[13]

---

13 [Carta del príncipe de Viazemskoy]

Kherson, 10 de agosto de 1787
Señor:
Después de la carta que usted me hizo el honor de escribir de Kiev y a la cual yo he tenido el de contestarle inmediatamente, no he vuelto a recibir noticias suyas sino a través de la señorita condesa Matuchkin, quien me ha anunciado su llegada a Petersburgo.

5 de septiembre

He tomado un criado por 5 ducados al mes, que me parece un gran bribón, mas no hallo otro; mi calesa he tenido que venderla por 16 rublos y he pagado a dicho criado 36 para que pague sus deudas, pues yo me voy sin advertir nada en los Papeles Públicos, cosa que nadie, ni aun ministros extranjeros pueden hacer. En fin, mi buen Francisco me buscó un bote con ocho remos y cubierto, por 4 rublos, que me llevará a Cronstadt, porque hace mal tiempo y lluvioso.

Entré a despedirme de la señora Levachov que tiene aspecto de una buenísima mujer y me enseñó dos niñas y un niño, pequeños hijos del general Levachov, muy bonitos y bien criados. Se despidió de mí con terneza. Regalé a los criados de la casa 8 ducados y quedaron contentos.

Creyendo que una correspondencia seguida no habría servido sino para fastidiarle, por las cosas poco interesantes que podría decirle, no he vuelto a escribirle. Pero la deferencia que usted tuvo a bien mostrarme durante su estancia en estas regiones aceptando mi casa, me da algún derecho a su amistad y tomando la más sincera parte en todo lo que le concierne, me apresuro a comunicarle un párrafo de una carta que el señor conde de Ludolf, hijo, acaba de escribirme, cuya copia hela aquí:

«Si usted tiene ocasión, príncipe, de escribir al señor Miranda, ruégole hacerle saber que me he enterado, de muy buena fuente, que le han intentado un proceso en España, pero yo no sé de qué se le acusa. Sin embargo, su falta debe ser grave y yo no le aconsejo ir a España en estos momentos, pues sería muy mal acogido y estaría en muy poca seguridad. Le advierto de todo esto por la amistad que le profeso, pues dudo que esté informado de todo ello y me desesperaría saber a este hombre, por otra parte muy estimable, en las garras de la Inquisición o de cualquier otro tribunal inicuo de la justicia española».

Deseo muy sinceramente, señor conde, que no sea más que un falso rumor, pero si por el contrario la envidia y la maldad de los hombres le haya granjeado algún poderoso enemigo que busca su desdicha, yo deseo que esta carta le llegue a tiempo para prevenirlo. Por lo demás, tengo el honor de ser, con la más completa estima y más distinguida consideración, Señor, su más humilde y muy obediente servidor.

N. P. de Viazemskoy

Mi mujer, confiando en su recuerdo, le envía muchos saludos.

Señor conde de Miranda

En Petersburgo

p. p. donde se encuentre.

Cronstadt

Tomé mi bote a la una PM y con viento fuerte y contrario y alguna marejada, seguí un desagradable pasaje hasta Cronstadt —30 verstas— donde llegué después de las nueve. Me fui a casa del almirante Greigh, que me recibió perfectamente, envié mi equipaje a la posada en que había estado anteriormente y quedé tomando té con dicho amigo, que habiendo leído la carta que traje de Bezborodko, se me ofreció a todo y quedó en buscarme temprano embarcación. Me fui a casa, cené un poco y a la cama.

6 de septiembre

Fui a casa del almirante a las nueve y ya se había informado de dos embarcaciones suecas que estaban para partir al primer tiempo. Estuve a verlas. La una me pidió 3 ducados por mi pasaje a Norrköping y la otra, que era mayor y mejor, seis, con criado, etc. Lo tomé y fui a buscar un capitán inglés que se hiciese cargo de mis libros, etc. para Londres y me fue recomendado el capitán John Robinson, del «Dolphin» a quien pagué media guinea por la caja sellada y se encargó de entregarla al señor Waddington en Londres.[14]

Dimos un gran paseo por el muelle y luego volvimos a casa, pues aclaraba el tiempo magníficamente. Efectivamente, se nos avisó que partía la

---

14 **[Catálogo de los libros de Miranda enviados a Inglaterra]**
    Volúmenes
    Revoluciones de Italia, de C Denina 4
Descripción de la arquitectura de Vicenza 1
El traje de los pueblos de la antigüedad, de Lens 1
Historia Natural de Chile, de Molina 1
Sistema Completo de Educación Pública del señor Betzky 2
Estado actual de Rusia 1
Cartas del señor Abate Sestini 2
Opúsculos, ídem 1
La Galería Real de Florencia 1
Nueva Guía de Nápoles 1
Verona Ilustrada, de Maffei 2
Ensayo sobre el Comercio de Rusia 3
Tarifa General de Rusia 1
Poema sobre la Aerostática 1
Reflexiones sobre la situación de la potencia Otomana 1
Tratado de Táctica, de Ibrahim-Effendi 1
Ensayos sobre la Biblioteca y Gabinete de San Petersburgo 1
De las cosas más notables de Boloña 1

embarcación al despuntar el día y me hice embarcar mi equipaje; escribí dos cartas al señor Waddington y también al doctor Guthrie y después cenamos. Lady Greigh entabló conversación interesante en que me decía que no se podía juzgar el sexo por la emperatriz, que era mujer extraordinaria y estuvimos en *tête-à-tête* hasta medianoche después de levantarnos de la mesa. Me fui a casa y el bote del almirante quedó en venir a las cinco a llamarme.

Viaje de Viena a Belgrado, etc. 1
De las cosas más notables de Florencia 1
Observaciones sobre las antigüedades de Herculano 1
Descripción de la ciudad de Venecia 1
Observaciones de un polaco imparcial 1
Del estudio de la naturaleza 1
Lista del Ejército Ruso 1
Estatuto Canónico, de Petri Magni 1
Del uso de las estatuas en los Antiguos 1
Descripción de Kuskowo 1
Cuidados fáciles para la boca 1
Almanaque de la Corte de Nápoles 1
El Triunfo de las Musas 1
Información sobre Roma, 1786 1
Almanaque de la Corte Imperial y Real, 1785 1
Catálogos de libros 4
Viaje al Monte Altai 1
Nuevos experimentos sobre el Mercurio 1
Ópera italiana 1
Almanaque genealógico y militar de la Corte de Berlín, 1785 1
Ensayo sobre la Arquitectura Teatral 1
Descripción de Roma 1
Descubrimientos de Rusia, Persia, etc. 4
Régimen Ruso 1
Vocabulario comparativo 1
Mapa de Grecia 1
Reglamento de la policía, gobierno y ciudad de Petersburgo 3
    Un retrato al pastel del Feld-mariscal Rumantzov.
    Dos paquetes con 34 grabados.
    Un paquete con tres portamonedas; dos almanaques turcos; tres medallas de yeso y un modelo en plomo.
    Un paquete con una espada de acero y un par de escudos.
    Un paquete con tarjetas de visita y medallas de cobre.
    He recibido del señor conde de Miranda una caja sellada (dice contener los efectos y libros arriba mencionados) que deberé entregar con el mayor cuidado al señor Waddington en Londres y para cuyo transporte he sido pagado por el mencionado conde.
    Cronstadt, 5 de septiembre de 1787
    John Robinson capitán del «Dolphin»

Libros a la carta

A la carta es un servicio especializado para
empresas,
librerías,
bibliotecas,
editoriales
y centros de enseñanza;
y permite confeccionar libros que, por su formato y concepción, sirven a los propósitos más específicos de estas instituciones.

Las empresas nos encargan ediciones personalizadas para marketing editorial o para regalos institucionales. Y los interesados solicitan, a título personal, ediciones antiguas, o no disponibles en el mercado; y las acompañan con notas y comentarios críticos.

Las ediciones tienen como apoyo un libro de estilo con todo tipo de referencias sobre los criterios de tratamiento tipográfico aplicados a nuestros libros que puede ser consultado en Linkgua-ediciones.com.

Linkgua edita por encargo diferentes versiones de una misma obra con distintos tratamientos ortotipográficos (actualizaciones de carácter divulgativo de un clásico, o versiones estrictamente fieles a la edición original de referencia).

Este servicio de ediciones a la carta le permitirá, si usted se dedica a la enseñanza, tener una forma de hacer pública su interpretación de un texto y, sobre una versión digitalizada «base», usted podrá introducir interpretaciones del texto fuente. Es un tópico que los profesores denuncien en clase los desmanes de una edición, o vayan comentando errores de interpretación de un texto y esta es una solución útil a esa necesidad del mundo académico.

Asimismo publicamos de manera sistemática, en un mismo catálogo, tesis doctorales y actas de congresos académicos, que son distribuidas a través de nuestra Web.

El servicio de «Libros a la carta» funciona de dos formas.

1. Tenemos un fondo de libros digitalizados que usted puede personalizar en tiradas de al menos cinco ejemplares. Estas personalizaciones pueden

ser de todo tipo: añadir notas de clase para uso de un grupo de estudiantes, introducir logos corporativos para uso con fines de marketing empresarial, etc., etc.

2. Buscamos libros descatalogados de otras editoriales y los reeditamos en tiradas cortas a petición de un cliente.

www.ingramcontent.com/pod-product-compliance
Lightning Source LLC
Chambersburg PA
CBHW022114040426
42450CB00006B/695